TEORIA DO APEGO

FUNDAMENTOS, PESQUISAS E IMPLICAÇÕES CLÍNICAS

CRISTIANO NABUCO DE ABREU

TEORIA DO APEGO

FUNDAMENTOS, PESQUISAS E IMPLICAÇÕES CLÍNICAS

Teoria do Apego - Fundamentos, Pesquisas e Implicações Clínicas
Copyright © 2019 Artesã Editora

1ª edição - 7ª Reimpressão, abril 2023

É proibida a duplicação ou reprodução deste volume, no todo ou em parte, sob quaisquer formas ou por quaisquer meios (eletrônico, mecânico, gravação, fotocópia, distribuição na Web e outros), sem permissão expressa da Editora.

DIRETOR
Alcebino Santana

COORDENAÇÃO EDITORIAL
Michelle Guimarães El Aouar

CAPA
Karol Oliveira

PROJETO GRÁFICO E DIAGRAMAÇÃO
ERJ Composição Editorial

Abreu, Cristiano Nabuco de

    Teoria do apego : fundamentos, pesquisas e implicações clínicas/ Cristiano Nabuco de Abreu. -- Belo Horizonte : Artesã Editora, 2019.
    238 p. ; 21 cm.

    ISBN 978-85-7074-011-3

1. Comportamento de apego 2. Vinculação 3. Desenvolvimento infantil 4. Psicopatologia 4. Relações interpessoais I. Título

13-0234   CDD 152.41

Angélica Ilacqua CRB-8/7057

IMPRESSO NO BRASIL
Printed in Brazil

ARTESÃ EDITORA LTDA.
Site: www.artesaeditora.com.br
E-mail: contato@artesaeditora.com.br
Belo Horizonte/MG

Apresentação

Se te cativo
Tornas o meu cuidador
Apego-me a ti

Estabelecemos um vínculo
De afeto, de amizade, de amor
De mãe-criança
De pai-filho
De homem-mulher
De terapeuta-cliente
Do escritor pela sua obra

Cristiano Nabuco de Abreu, autor deste importante livro, *Teoria do Apego, Fundamentos, Pesquisas e Implicações Clínicas,* presenteia-nos com uma descrição cativante da teoria da Vinculação de John Bowlby, de 1950.

Relata resultados de pesquisas que mostram que a aplicabilidade da teoria tem-se revelado útil e pertinente às interpretações dos primeiros vínculos relacionais de afeto e amor entre as crianças e seus cuidadores e sua importância para o desenvolvimento e criação de uma estrutura emocional saudável.

As experiências vividas pelas crianças de aproximação e distanciamento dos progenitores são as mais significativas, se não as responsáveis pela formação da estruturas infantis.

Bowlby definiu o comportamento de Vinculação como um conjunto integrado de sistemas comportamentais, que visam à obtenção da segurança pessoal e que tem suas origens na interação do bebê com seu meio ambiente, no qual a mãe e o cuidador são as figuras mais importantes. Assim, toda relação entre o bebê e sua mãe ou cuidador, quando adequada, será sentida como equilibrada e tranquila ou, ao contrário, se desagradável e dolorosa provocará comportamentos de distanciamento ou afastamento.

As consequências dessas interações podem ser observadas, ainda muito precocemente, nos comportamentos das crianças, como mostram as pesquisas. As atitudes que indicam segurança, ambivalência e insegurança são características que revelam os ambientes e as figuras representativas que desempenharam o papel de cuidador.

As pesquisas, também mostram a repercussão dessas vinculações afetivas iniciais no desenvolvimento futuro, na formação da personalidade normal e podem, até, ser a causa dos transtornos psicopatológicos que são observados na idade adulta.

Aos psicólogos, que exercem a profissão de psicoterapeuta, esta análise das origens das vinculações afetivas são importantes para o entendimento e aceitação das experiências pessoais passadas, que repercutem no comportamento atual e que, muitas vezes, transformam-se num impasse para o caminhar do processo terapêutico.

A leitura desta obra é recomendada a todos estudiosos do comportamento humano, pois, Cristiano apresenta-nos uma teoria que, embora escrita a mais de meio século por John Bowlby, mostra-se tão presente como se fosse dos tempos atuais.

Cristiano, hoje, com certeza, tornei-me uma cuidadora com carinho e afeto de sua obra.

Agosto de 2005
SILÉSIA DELPHINO TOSI

Sumário

Capítulo 1 – Aspectos Introdutórios 9
1.1. Introdução 11
1.2. As condutas de apego (ou de vinculação) 15
1.3. Conclusão 19

Capítulo 2 – A Importância dos Aspectos Sociais no Desenvolvimento Infantil 23
2.1. Introdução 25
2.2. Desenvolvimento: as primeiras alterações 26
2.3. A importância das primeiras relações 29
2.4. Compartilhando estados afetivos 35
2.5. A busca de proximidade 37
2.6. Os registros das experiências iniciais 39
2.7. Conclusão 44

Capítulo 3 – A Teoria da Vinculação segundo John Bowlby 47
3.1. Introdução 49
3.2. A teoria da vinculação – algumas características 50
3.3. Os três estilos de vinculação 57
3.4. Outros aspectos da relação mãe/bebê 66
3.5. A vinculação e algumas das consequências para a vida adulta 69
3.6. Aspectos gerais da contribuição de Bowlby 71
3.7. Desapego: uma reação da criança frente à separação 74
3.8. Conclusão 78

Capítulo 4 – A Teoria da Vinculação: Outras Contribuições 81
4.1. Introdução 83
4.2. A vinculação infantil – características complementares 83
4.3. Particularidades da relação mãe/bebê e os estilos de vinculação .. 90
4.4. Conclusão 98

Capítulo 5 – Psicopatologia do Desenvolvimento e Vinculação ..101
5.1. Introdução 103
5.2. A experiência inicial 103
5.3. Relacionamentos iniciais: da predisposição à psicopatologia 108
5.4. Vulnerabilidades dos cuidadores no desenvolvimento das relações de apego: uma interação 111
5.5. Transtornos do apego e o DSM-IV 114
5.6. Resiliência: para além dos paradigmas de apego 116
5.7. Conclusão 119

Capítulo 6 – Investigação sobre Vinculação e Algumas Perturbações Psicológicas **121**
6.1. Introdução 123
6.2. Possibilidades do desenvolvimento errante 123
    6.2.1. O apego inseguro e suas consequências para a vida psicológica 125
    6.2.2. O apego inseguro e os transtornos alimentares 128
6.3. Conclusão 129

Capítulo 7 – Algumas Implicações da Teoria da Vinculação para a Vida Adulta **131**
7.1. Introdução 133
7.2. Para além da infância: as condutas de vinculação e a vida adulta .. 133
7.3. A vida adulta: tendências e preferências de relacionamento 138
7.4. A vida adulta: os relacionamentos no ambiente de trabalho e a autoestima 143
7.5. A vida adulta: vinculação e gênero 146
7.6. Os relacionamentos românticos na idade adulta 148
7.7. Variantes dos comportamentos de vinculação 157
7.8. Conclusão 164

Capítulo 8 – O Terapeuta e os Processos de Vinculação **165**
8.1. Introdução 167
8.2. O terapeuta e a psicoterapia: uma base segura 168
8.3. O cliente: sua história pessoal criando dinâmicas na psicoterapia .. 173
8.4. Terapeuta e cliente: aspectos relacionais 176
8.5. As experiências pessoais passadas e a psicoterapia 181
8.6. Os modelos de apego do clínico e as interferências no processo terapêutico 185
8.7. Outras pesquisas a respeito da interação "clínico-paciente" 193
8.8. Algumas considerações 195
8.9. Conclusões 197

Capítulo 9 – Conclusão **201**
9.1. Introdução 203
9.2. Em foco: o psicoterapeuta 205
9.3. Aproximações na psicoterapia 209
9.4. Conclusão 211

Bibliografia **215**

- Capítulo 1 -
Aspectos Introdutórios

...as questões afetivas representam uma fronteira fecunda para o desenvolvimento da psicoterapia, ainda que a necessidade e as funções de desequilíbrio afetivo permaneçam, apesar de tudo, pouco compreendidas.

MICHAEL J. MAHONEY

1.1. Introdução

Nos últimos anos, tendências significativas têm surgido no cenário da psicologia que, de uma forma sistemática e organizada, vem demonstrando uma preocupação cada vez maior com a compreensão daquilo que chamamos "realidade humana". Em função disso, várias descrições têm sido apresentadas como pertinentes e ricas na explicação das infindáveis causas do comportamento e, nesse movimento, todos os enfoques têm-se posicionado como legítimos.

Nessa jornada, entretanto, onde centenas de aspectos foram privilegiados, várias dimensões do comportamento foram esquecidas ou deixadas de lado (Frankl, 1991). Sistematicamente, forças sobre-humanas ou divinas foram invocadas para a compreensão do homem, e o que se viu foi um afastamento do próprio fenômeno humano. Acreditamos que tal esforço explicativo tenha sido por demais promissor em épocas onde a dimensão psicológica humana era pouco ou quase nada estudada (Xausa, 1986). Contudo, hoje, mais do que nunca, mudanças paradigmáticas fazem-se presentes para que novas tendências favoreçam a entrada da psicologia na era "quântica" e para, em vez de reduzir, ampliar os horizontes de nossa compreensão como terapeutas e como seres humanos (Crema, 1989).

A nossa jovem psicologia recebeu este velho legado da física clássica que, muito influenciada pelas posturas epistemológicas objetivistas, teve um papel fundamental na construção do saber psicológico. Neste referencial, o conhecimento sempre foi considerado um reflexo da realidade e, neste sentido, a aquisição do saber psicológico tornou-se uma busca incansável das leis que transformaram o ser humano em organismos reativos do meio em que vivia (Feyerabend, 1989; Progogine, 1996). Assim sendo, princípios foram elaborados, gerando reflexões e, cada vez mais, o fenômeno de estudo – o ser humano – acabou sendo recortado e reduzido pelo pesquisador (Kuhn, 1978).

A nosso ver, tal "recorte" favoreceu o aparecimento de hiatos explicativos não abarcáveis pelas teorias em questão, propiciando o aparecimento de novos referenciais teóricos que, agora não mais munidos de "leis gerais", contribuíram para o início do reconhecimento de um ser humano ativo e criador de sua realidade pessoal, como tão bem explicitado por outras epistemologias (Neimeyer & Mahoney, 1997).

Neste sentido, deparamo-nos constantemente com uma questão clássica acerca do que é a verdade e de como construímos o nosso mundo de significados (Abreu e Roso, no prelo; Alvarez, 1992). Tal questão, que nos remete à natureza de nosso conhecimento, pode ser respondida de duas maneiras: (1) o "conhecimento" como uma representação direta do mundo real (como afirma a epistemologia objetivista) com o qual, por meio de aproximações sucessivas e de acumulações de dados, o sujeito chegará a uma verdade absoluta, qualquer que seja a natureza de seu objeto de estudo. E seus critérios implicam em uma existência da "verdade" independente da existência do observador. Somos então, para o epistemologista objetivista, organismos reativos de nosso meio ambiente, organizando e classificando as experiências vividas de acordo com uma verdade "única" (Guidano, 1994); (2) o conhecimento como construção da experiência individual e resultante de um processo evolutivo, onde a realidade é interpretada e construída de distintas formas (como afirma, por exemplo, a epistemologia construtivista) (Schnitman, 1994). Seus critérios implicam na existência de um mundo que se edifica a partir das nossas experiências e onde, nesta interação, construímos uma diversidade de significados e de verdades pessoais. Como afirmava Guidano (1994), somos prisioneiros, capturados na rede de nossas teorias e expectativas. Assim, somos organismos pró-ativos na construção contínua de nossos significados pessoais e, conforme afirmou tão bem Gonçalves (1994) *"a experiência humana não é uma busca pela verdade, mas, em vez disto, uma infinita construção de significado"* (p. 108).

Desta maneira, o conhecimento torna-se o fruto da interação entre indivíduo e meio. Por intermédio de marcos evolutivos, o homem constrói sua história e a história de um conhecimento pessoal sobre o mundo. A pressuposição da aquisição de um conhecimento "verdadeiro" desvanece-se, cedendo lugar a transformações cognitivas oriundas das estruturas pessoais do organismo cognosciente (Watzlawick, 1994). Portanto, toda concepção, todo conhecimento e toda compreensão da realidade serão sempre construções e interpretações feitas pelo sujeito que a vivencia. Assim, o saber é construído pelo organismo vivente para ordenar ao máximo o fluxo da experiência em fatos recorrentes e em relações relativamente estáveis (Feixas & Villegas, 1993).

Estes novos referenciais privilegiam a posição de um indivíduo *ativo* e possuidor de uma realidade idiossincrática, onde o conhecimento é desenvolvido por meio de processos auto--organizadores. O indivíduo leva consigo uma representação, ou um "mapa do mundo", que lhe permite viver como uma teoria personificada de vida, um laboratório vivo das experiências que deram certo ou não em sua vida (Mahoney, 1992).

Atualmente, um número muito grande de pesquisadores ocupa-se em descrever as implicações resultantes da interação entre o ser humano e o seu meio, isto é, como o conhecimento oriundo desta dinâmica foi construído e como o mesmo está articulado interna ou cognitivamente em cada um. Surgem, nestas descrições, dezenas de aspectos que são priorizados na explicação e na caracterização das práticas terapêuticas que mais se adequariam às situações específicas. Todas as intervenções terapêuticas reclamam identidades e estilos próprios que, em sua totalidade, favorecem uma leitura cada vez mais integrada daquilo que chamamos "realidade humana". Neste sentido, muitas são as contribuições significativas obtidas na literatura psicológica existente.

Um pressuposto fundamental amplamente difundido e aceito pelas psicoterapias de vanguarda é que determinados aspectos pessoais são tacitamente recebidos, compreendidos e assimilados pelo indivíduo (Gonçalves, 1993) e que, de uma forma ou de outra, tais conhecimentos incorporam-se na personalidade, criando padrões de ordenação interna ou de auto-organização da informação (Maturana & Varela, 1995). Torna-se quase unânime a ideia de que, de alguma forma, nossa história deixou "marcas" provenientes de nossa experiência, e que ao longo do do tempo suas consequências, organizadas e ordenadas, resultam em padrões e estilos de significado pessoal. Somos assim, seres históricos que, abertos à multiplicidade de estímulos, organizamos e damos sentido às nossas experiências.

Psicologicamente falando, tais "organizações" poderão ser focos de terapias que, cada uma ao seu estilo, atuarão de várias formas por meio de técnicas, análises e reconstruções diferentes que permitam novas ordenações da experiência pessoal ao transformar o "tácito" em "explícito" (Abreu & Roso, 2004).

Todavia, em todo este processo, um aspecto central tem nos atraído muito a atenção: as questões relativas às "condutas de apego ou vinculação". É como se estas questões surgissem como parte integrante das dinâmicas internas de cada indivíduo (favorecendo-o ou não) em seus processos de auto-organização e, surgidas em alguma parte da história do desenvolvimento pessoal, elas emergem, dando constantemente seu testemunho e servindo de parâmetro à criação de vários padrões de estilo pessoal. É como se, em todos os processos de construção e reconstrução pessoal, as condutas derivadas da aproximação ou distanciamento dos cuidadores (mesmo que não referenciadas sob a terminologia exata do "apego") aparecessem como um dos *main themes* na história destes pacientes, tornando universais os sentimentos de ligação e dependência.

Quando Mahoney (1992) discorreu sobre os "princípios gerais do desenvolvimento humano" afirmou que *"os relacionamentos que envolvem fortes laços emocionais (positivos ou negativos) oferecem os contextos mais potenciais para o desenvolvimento psicológico, tanto funcional como disfuncional"* (p. 270). Neste sentido, os aspectos relacionáveis às características de apego tornam-se cada vez mais determinantes em nossas estruturas pessoais. Tal fato é de amplo conhecimento, mas nosso objetivo é enfatizar um pouco mais as consequências de tais interações.

1.2. As condutas de apego (ou de vinculação)

De acordo com Bowlby (1988, 1989, 1990a, 1995), os padrões de relacionamento com os cuidadores ou os "modelos de apego" desenvolvidos em nossa história (por intermédio de nossos relacionamentos) são integrados em nossa estrutura de personalidade na forma de modelos internos e gerais de funcionamento que determinarão as características de nosso *self* frente as situações de vida. Tal fato encontrou amplo apoio em experimentos nos quais a adaptabilidade das mães às novas situações era reproduzida de forma muito similar, em termos de certas "modalidades de apego", pelos respectivos filhos em suas fases sucessivas de desenvolvimento (Weber, Levitt & Clark, 1986). Não faltarão exemplos indicativos da importância de tal interação no processo de desenvolvimento humano.

Um dos aspectos centrais das questões pertinentes ao "apego" é que, quando tal dimensão é de alguma forma alterada, ela suscitará mudanças na autoimagem de nossos pacientes.

Assim, qualquer atividade terapêutica que não abarque tais considerações estará deixando de atentar para alguns dos aspectos mais importantes do processo de construção e organização de realidade pessoal.

Guidano (1994), repetidamente, afirmou que um determinado tema pessoal mantém-se constante nas construções dos significados e na identificação dos marcos pessoais de cada um, e tal temática, muitas vezes, apresenta uma estreita relação com a história de vida *relacional* destas pessoas.

Aludiu, também, que tais aspectos estão presentes desde o desenvolvimento psicológico na primeira infância (por meio de uma interdependência e reciprocidade dos ritmos psicofisiológicos estabelecidos entre a criança e o seu cuidador), chegando por final a favorecer o ordenamento e a organização da percepção de si mesmo e do mundo. Entenderíamos tal processo como o início de uma aprendizagem, na qual o resultado final destas interações (entre a criança e o meio) criarão marcas fundamentais na personalidade futura (Bowlby, 1989). Os aspectos emocionais da vinculação, portanto, transformam-se então em tonalidades afetivas (compostas pela repetição de certas emoções), convertendo-se em ingredientes básicos da consciência infantil, que é verdadeiramente afetiva em sua qualidade e natureza.

Tal processo consistirá de sucessivas internalizações das figuras de apego que, por meio de repetidas identificações emocionais, favorecerá a criação de uma autoimagem e de uma percepção do mundo (Guidano, 1994). Neste sentido, as figuras de vinculação desempenharão um papel central e unificador dos vários aspectos das experiências vividas, tornando-se um dos elementos principais (catalíticos) do desenvolvimento evolutivo da personalidade, determinando em última instância os nossos modos de pensar, sentir e agir em cada situação (Stern, 1992).

Podemos incluir aqui um outro conceito complementar que é o chamado "base segura", no qual estabelece que o padrão das relações familiares experimentados por uma pessoa, durante a sua infância, terá uma importância decisiva para o desenvolvimento de sua personalidade final (Bowlby, 1990a). Pessoas com apoio e segurança em períodos de desenvolvimento tornar-se-ão adultos seguros e autoconfiantes, enfrentando mais habilmente as tarefas, as situações difíceis, assim como, saindo-se melhor em suas relações afetivas. Segundo Bowlby (1990a), existe uma forte ligação entre as experiências de um indivíduo com seus pais e a sua capacidade posterior para estabelecer vínculos afetivos e, nos termos da teoria da ligação, descrevendo-se como tendo construído um bom modelo representacional de si mesmo e como sendo capaz de ajudar e ser merecedor de ser ajudado, se surgirem dificuldades.

Fica evidente o fato de que este "traço" relacional tenderá a manter-se ao longo das experiências da vida, manifestando-se como um autêntico "reflexo condicionado de vinculação" que, sucessiva e sistematicamente, far-se-á presente tendendo a persistir, relativamente inalterado, durante toda vida adulta (Bowlby, 1990a).

Estes "padrões de interação" aparecem, frequentemente, nas mais variadas formas em atendimentos psicoterapêuticos, tanto na descrição de eventos passados ou presentes, como na própria maneira de sermos tratados pelos pacientes. Pessoas que não tiveram um bom modelo de vinculação frequentemente mostram-se inseguras ao buscarem ajuda profissional e demonstram-se desconfiadas em relação àquilo que podemos oferecer como profissionais de ajuda (devolutivas, pareceres etc). Tais pacientes levarão muito mais tempo para criar um "vínculo terapêutico" do que aqueles com histórias de vinculação mais positivas. De forma análoga, clientes que continuamente foram ameaçados de abandono em sua infância, provavelmente chegarão à terapia trazendo maiores queixas de "dificuldades em manter relacionamentos prolongados" e, provavelmente, demonstrarão uma imensa dificuldade em se expor. Desta forma, tanto as boas ligações favorecerão a construção de um bom modelo representacional, como as más ligações construirão um mau modelo representacional de si (Bowlby, 1990b; Adams-Price & Green, 1990).[1]

Vale a pena lembrar que nestes postulados não consideramos a falta "real" da ligação uma regra geral ou casuística como um determinante de futuras dificuldades ou como um determinante final de uma personalidade desorganizada. Muito mais significativo do que um indivíduo ter tido ou não o vínculo é a "interpretação" que o mesmo fez da situação. A partir desta interpretação é que ele definirá a si mesmo e construirá os significados de ter sido ou não amado, ter sido ou não apoiado, e são estas reflexões que determinarão a resultante final de seu perfil emocional.

O que nos parece é que os demais problemas apresentados em psicoterapia, de alguma maneira, sempre "gravitam" em torno desta problemática específica. Tais considerações levam-nos a pensar se estes aspectos não seriam as grandes "matrizes organizadoras" que, uma vez desenvolvidas, far-se-iam presentes por toda uma vida. Uma vez que somos elementos históricos de uma determinada época e, também, teorias "personificadas" de nossas vidas (Mahoney, 1992), a tendência indelével é que tais características deixem seu sinal como um elemento participativo desta nossa história evolutiva (Sroufe, 1985; Heard, 1982; Johnson & Fein, 1991).

---

[1] Encontraremos em dezenas de artigos, citações das implicações de um vínculo mal estruturado para a vida adulta. Por exemplo, crianças com problemas na escola, apresentam uma história negativa de vínculos familiares (Erickson, Sroufe & Egeland, 1985; Cohn, 1990; Greenberg, Speltz, Deklyen, Endriga, 1991; LaFreniere & Sroufe, 1985). Em outras citações, encontramos associações diretas entre história negativa de vínculos e psicopatologia (Hopkins, 1987; McDermott, 1985; Bowlby, 1983); entre história negativa de vínculos e depressão (Marton & Maharaj, 1993; Papini, Roggman & Anderson, 1991); entre história negativa de vínculos e delinquência (Liska & Reed, 1985); entre história negativa e drogadição (Cook, 1991).

Consideramos tais colocações como fundamentais para todos os processos psicoterapêuticos, uma vez que o tema da vinculação ou do apego aparece, em larga quantidade, nas queixas tão ouvidas em nossos consultórios, como nas tantas e repetidas vezes em nossa vida real. Um verdadeiro *Bolero de Ravel*, no qual somente são acrescidos novos instrumentos à mesma e já conhecida melodia.

Todos estes questionamentos nos apontam, firmemente, a ideia de que "*as questões afetivas representam uma fronteira fecunda para o desenvolvimento da psicoterapia, ainda que a necessidade e as funções de desequilíbrio afetivo permaneçam, apesar de tudo, pouco compreendidas*" (Mahoney, 1988, p. 52).

1.3. Conclusão

Uma questão pertinente é: segundo Ainsworth et al. (1978), as crianças que desenvolveram um bom apego em sua infância (ou um apego *seguro*), são aquelas que experimentaram relações mais tranquilas, confiantes e de apoio com seus cuidadores, exibindo uma facilidade mais acentuada em lidar com o inesperado e com a possível ausência de um apoio psicológico, portanto, enfrentam o mundo com maior grau de serenidade nas situações de embaraço e desconforto emocional.

Se formos considerar tal criança projetando-a para o futuro, com muita certeza ela será uma paciente colaborativa, sensível e disponível às intervenções de seu psicólogo e estabelecerá intimidade de maneira espontânea – o que, é claro, não se constitui de nenhuma novidade. Mas, indo um pouco mais adiante, como seria esta mesma pessoa se fôssemos considerá-la sob o papel de um clínico? Isto é, como seria a ajuda psicoterapêutica oferecida por um profissional que desenvolveu um estilo *seguro* com os seus cuidadores? Seria essa uma forma de psicoterapia mais "bem sucedida" do que outras, onde não se encontram clínicos tão disponíveis? Isso nos remete, ainda, a outra questão: qual seria o resultado de um tratamento com um terapeuta *seguro*? Se esta premissa vale para os bons modelos (*seguros*), como seria, então, a relação terapêutica (e o resultado da psicoterapia) com um profissional que desenvolveu um estilo mais refratário (*inseguro*) em sua infância? Podemos imaginar encontrar diferenças significativas entre os dois tipos de clínicos?

Devemos lembrar que sob estas considerações, o profissional de ajuda pode favorecer (de uma boa forma ou não) a criação de possíveis caminhos e/ou estratégias para a mudança terapêutica e, neste sentido, acreditamos que as variáveis da vinculação, aquelas descritas por Bowlby, também se fazem presentes sob a esfera do psicoterapeuta, atuando de forma determinante no desenvolvimento e na qualidade de um processo de mudança.

Neste sentido, nosso livro terá como um dos objetivos aprofundar as questões ligadas à Teoria do Apego e as possíveis implicações nos mais variados segmentos (capacidade para lidar com o estresse, estilo pessoal, reações emocionais frente ao trabalho, escolhas no amor romântico, diferentes psicopatologias derivada dos diferentes tipos de vinculação e várias outras questões associadas). Tal material surge como parte importante de uma investigação que foi conduzida com o objetivo de estudar as relações entre pacientes e terapeutas, no que tange seus estilos de vinculação (quando semelhantes ou distintos) e as consequências para o resultado final da psicoterapia (eficácia, grau de mudança, aliança terapêutica etc). Todavia, tais dados não serão aqui discutidos, pois fugiriam do escopo deste livro. Assim sendo, nos capítulos que se seguirão, vamos oferecer uma visão panorâmica a respeito da teoria da vinculação, conforme proposta originariamente por John Bowlby, na década de 1950, e seguiremos nossas discussões apresentando interessantes investigações que foram conduzidas ao longo dos anos, desde a concepção original da teoria, até sua condição atual dos dias de hoje. Estas conclusões vão permitir ao leitor que acompanhe todas as particularidades de estratégias em relação aos três estilos de vinculação já conhecidos – o *seguro*, o *inseguro-evitativo* e o *inseguro-ambivalente* – e suas implicações para a vida adulta. Espero que as ideias contidas nas páginas a seguir possam, de alguma maneira, ampliar a compreensão do processo de mudança e que munidos destes referenciais, possamos nos tornar mais habilitados a auxiliar o trânsito emocional de cada um.

- Capítulo 2 -
A Importância dos Aspectos Sociais no Desenvolvimento Infantil

O que se acredita ser essencial à saúde mental é que o bebê e a criança pequena tenham a vivência de uma relação calorosa, íntima e contínua com a mãe (ou mãe substituta permanente – uma pessoa que desempenha, regular e constantemente, o papel de mãe para ele), na qual ambos encontrem satisfação e prazer. É esta relação complexa, rica e compensadora com a mãe nos primeiros anos, enriquecida de inúmeras maneiras pelas relações com o pai e com os irmãos e irmãs, que os psiquiatras infantis e muitos outros julgam, atualmente, estar na base do desenvolvimento da personalidade e da saúde mental.

JOHN BOWLBY

2.1. Introdução

As experiências subjetivas de um bebê já foram amplamente descritas por meio de uma série de categorias distintas, indicadas como participativas da formação das estruturas primárias de um bebê. Desse modo, quando nos propomos a abordar as questões relacionadas às experiências de vinculação, não podemos deixar de considerar os processos iniciais, nos quais a formação dos laços relacionais dá seus primeiros sinais de expressão. Teremos, então, como um dos objetivos deste capítulo, revelar algumas das contribuições da literatura em relação a como os relacionamentos iniciais são importantes para o desenvolvimento e criação de uma estrutura emocional.

Dos vários tipos de experiências vividas por uma criança, aquelas de aproximação ou distanciamento dos progenitores são apontadas por vários teóricos (Bowlby, 1983, 1985, 1988, 1989, 1990a, 1990b, 1993b, 1995; Guidano, 1994; Stern, 1992, 1997; entre outros), como as mais significativas, se não as responsáveis pela formação das estruturas infantis. Sob tal referência, a possibilidade de relacionar-se interativamente com outras pessoas acaba por contribuir, em demasia, com o desenvolvimento das primeiras estruturas emocionais. *"Só na presença de uma mãe suficientemente boa"*, afirma Winnicott (1994, p. 24), *"pode a criança iniciar um processo de desenvolvimento pessoal e real"*. Todavia, vale ressaltar que alguns autores mais tradicionais consideravam a consciência, nesta primeira fase da vida, como quase inexistente. Entretanto, experimentos mais recentes indicam que os bebês jamais alcançarão um período de total indiferenciação (do tipo eu/outro) antes que possam ter desenvolvido alguma estrutura pessoal inicial.[1]

---

[1] Os recentes achados sobre os bebês sugerem que a capacidade de ter experiências tipo fundir-se com, como é descrito em algumas orientações, é um processo secundário e subordinado a um senso de "eu" e de "outro" já existentes anteriormente, ou seja, é como se fosse necessário primeiramente desenvolver uma concepção do "eu" para então ser possível as experiências do tipo fusão envolvendo as trocas com o ambiente.

Assim, contrariamente ao que fora sistematicamente defendido no passado, não há, por exemplo, fases de tipo "simbiótica", em que as experiências de união são vistas como o resultado de uma organização bem sucedida da experiência da *criança--com-o-outro* (Stern, 1992; Ross, 1992). O que se comprova atualmente é a existência de uma referência pessoal (criada a partir de determinados tipos específicos de interações), que se relaciona interativamente com a realidade que a permeia. Neste sentido, não nos parece que a realidade imprima solitariamente sua marca deixando um rastro a ser seguido, mas sim, que a estrutura da criança atua (antes) nos contextos sociais, criando um mundo intersubjetivo que será habitado por ela.

2.2. Desenvolvimento: as primeiras alterações

É quase unânime a ideia de que os bebês passam por fases de mudanças qualitativas (e de características organizadoras) no início de suas vidas. Stern (1992, 1997) afirma que até os 2 meses e meio, por exemplo, tem início a primeira alteração, na qual a percepção de serem bebês e mães distinta e fisicamente separados (pela presença física, pela ação e pelo afeto) e se manifestam agentes diferentes que possuem experiências afetivas diferenciadas. É como se suas ações (planos, afetos, percepções e cognições) pudessem ser acionadas e focadas, por um instante, por meio das situações interpessoais com os cuidadores.

Em termos interativos, as tarefas nesta idade que mais favorecem as trocas emocionais entre bebês e suas mães são as atividades de alimentação, os ritmos de sono e vigília e os ciclos de atividade diária. "*Dessa forma*", afirma Stern (1997, p. 90), "*grande parte dos intercâmbios sociais que ocorrem se dão em torno e durante essas atividades*". Concretamente falando, os intercâmbios sociais e afetivos, como os sorrisos parentais e a fala, são usados geralmente para indicar e regular os acontecimentos e, assim, vão progressivamente moldando a estrutura subjetiva da criança.

Por exemplo, dos 2 meses e meio aos 5 meses e meio, o recém-nascido está perfeitamente ajustado em termos de intenção e mostra suas plenas capacidades sociais e afetivas nas atividades que envolvem o jogo facial. As preferências inatas da criança pelo rosto, a voz, o tato e o movimento humano entram em cena com grande força neste momento.

Dos 5 meses e meio aos 9 meses, a criança adquire uma coordenação óculo-manual e bi-manual adequada e, com ela, uma grande curiosidade pelo mundo dos objetos inanimados.

Outro momento importante ocorre até os 12 meses. Neste período, os bebês enxergam a existência de outras pessoas "lá fora" e conseguem incluir os vários estados subjetivos experimentados (como intenções e sentimentos), reconhecendo-os como permeados aos relacionamentos e acontecimentos do mundo físico. Por esta razão é que, até o fim do primeiro ano, a criança manifesta, muito claramente, as condutas de vinculação e de separação frente aos principais progenitores, uma vez que já consegue articular-se razoavelmente bem em suas interações.

Por volta dos 15 aos 18 meses de idade, o bebê encontra-se em uma terceira fase em relação ao *eu* e ao *outro*, que é o senso de que ambos possuem um conhecimento e um registro individuais das experiências do mundo.

E, finalmente, dos 18 aos 24 meses de idade, a criança aprende que a linguagem é uma forma rica de interação (entre ela e seus pais) pois, de maneira mais clara e rápida, os outros responderão com sensibilidade aos seus desejos e capacidades. Assim, durante esses períodos, há consideráveis alterações em quaisquer níveis que se examine, das experiências subjetivas da criança aos registros eletroencefalográficos, chegando-se até aos comportamentos observáveis. Intermediando tais períodos de alterações mais significativas, ocorrem os períodos de relativa tranquilidade, momentos nos quais as novas estruturações parecem estar se fortalecendo. Stern (1992), a este respeito, sugere que o senso alterado da experiência subjetiva do bebê, que está por trás dessas mudanças comportamentais, nos faz agir e pensar diferentemente em relação a ele. Desta forma, qualquer mudança no bebê pode ocorrer, parcialmente, pelo fato de o adulto interpretá-lo de maneira diferente e agir de acordo com isso e, consequentemente, o bebê parece ter um novo senso de quem ele é e de quem é o adulto.

Vale a pena atentarmos para o fato de que por mais que venhamos a enfatizar os grandes saltos da consciência infantil, provocados pelas mais distintas experiências, há uma instância importantíssima da criança (que permeia todo este processo) chamada de *senso experiencial*. Tal nível ou categoria da experiência mostra-se intimamente associada às formas de relacionamento "corporal", vivenciadas pela criança com as pessoas que estão a sua volta. Tais experiências originam-se da existência de uma instância chamada "eu físico", que é sempre sentida como um senso coerente, contínuo, intencional e físico. Este "eu", geralmente, opera sempre fora da consciência e é tomado como verdadeiro pelo ser que o vive, sendo inclusive de difícil verbalização. Tal organização, diretamente relacionada ao corpo, torna-se o fruto de experiências sensoriais, às quais a criança vai sendo submetida e que vão progressivamente servindo de parâmetro para suas estruturações espaciais e proprioceptivas. Assim, sempre haverá uma história-de-vida-sentida para cada bebê (Stern 1992). Ainda, a esse respeito, Horowitz (1990) afirma que, à medida que adquire controle sobre o corpo, o bebê aprende a operar sobre os objetos e, assim, contribui na modelação de seu "eu corporal". Dessa forma, aquilo que pode ser mais imediatamente dirigido e guiado pela criança (isto é, seu próprio corpo) é sentido por ela como o cerne daquilo que ela é, pois são as sensações extraídas dos movimentos corpóreos.

E, portanto, é por meio dos movimentos manuais de agarrar, de rolar deliberadamente, de encontrar e colocar os objetos na boca e comportamentos similares que o bebê aprende sobre si mesmo.

2.3. A importância das primeiras relações

Tais considerações nos levam a ponderar que os processos emocionais dos bebês vão progressivamente tornando-se ativos e envolvidos na avaliação rápida do que é bom ou ruim para eles na troca com tudo a sua volta (sejam os objetos inanimados, bem como as pessoas habitando em seu entorno). Portanto, desde o nascimento, os bebês experienciam sensações e as utilizam para construir uma noção ou um senso pessoal consciente de si mesmos – e é desta forma que a experiência intersubjetiva acaba por torna-se fundamental na organização pessoal.

O senso de *self* de um indivíduo é, também, organizado ao redor de esquemas emocionais extraídos das trocas oriundas dos relacionamentos de ligação, nos quais a regulação do afeto desenvolve-se não somente com o crescimento, mas também, por intermédio da maneira pela qual os que cuidaram da criança reagiram frente à suas emoções. Portanto, temos uma via de mão dupla, na qual a subjetividade pessoal é formada, seja por meio da atuação da criança no mundo (esquemas pró-ativos) ou das experiências baseadas na qualidade de afeto recebido (esquemas receptivos). Nesse sentido, as visões dos outros sobre a experiência emocional serão sempre sintetizadas com a própria experiência interna para, então, formar os registros dos esquemas emocionais do *self*. Tais esquemas ou padrões emocionais evoluem e tornam-se as estruturas (centrais) profundas de organização da criança, guiando-a em seu crescimento posterior na vida adulta (Mahoney, 1992).

Tal construto, se assim o podemos chamar, é entendido como o resultado das experiências indicativas de quem é, o que é, onde está, como está e, talvez, porque é que a criança teve. Esta pequena fração de autoconhecimento vai sendo associada às experiências desenvolvidas por ela a partir das observações feitas de si própria no contexto de suas interações com seu ambiente físico e social (Ross, 1992). Além disso, as investigações sobre o autoconceito das crianças revelam esta tendência de desenvolvimento (ou trânsito) em que o foco de suas respostas, gradualmente, passa das características externas para as qualidades e características internas. Nos anos pré-escolares, por exemplo, entre três e cinco anos de idade, as crianças respondem às questões sobre seu autoconhecimento, descrevendo aquilo que lhes disseram a seu respeito. Não seria difícil imaginar como uma criança de três anos aprende seu nome, seu endereço e que ela é uma menina alta ou baixa, gorda ou magra e com olhos e cabelos castanhos. Desta forma, é muito provável que alguém tenha lhe dito isto tudo.

Portanto, uma justificativa possível para isso é o fato de as explicações para os estados internos serem aprendidas, assim como os rótulos são aprendidos para os estados externos e para os objetos concretos. Quando alguém ensina uma criança a dizer "coisas", "desejos" e "gostos" de sua vida, também lhe ensina (mediante uma atividade em que a criança demonstra realizar com prazer) a dar nome aos estados internos de prazer e desprazer, de amor e ódio, de medos e esperanças. Um simples exemplo disto pode ser verificado ao observar um adulto dirigindo-se a uma criança ao dizer: *"como você gosta de chocolate!"*. Dessa forma, a criança aprende a identificar seus estados internos, assim como os objetos e eventos externos, considerando a "ajuda" que foi fornecida pelos outros (Bem, 1972). Paralelamente, há o desenvolvimento de uma ênfase introspectiva, na qual se dá o desenvolvimento de uma tendência a se ver e descrever *em* relação e *na* relação com os outros – tal como aquele que é popular, ser capaz de relacionar-se facilmente, entre outros.

As mudanças significativas observadas no desenvolvimento de uma criança levam em seu bojo o resultado *experimentado* dos eventos que, em primeiro lugar, contemplam a percepção da existência de si próprio em um mundo e, em segundo lugar, de um mundo repleto de coisas e de pessoas potencialmente *relacionáveis* para a criança e a criança para elas. Isso é um indicativo de que há, além das alterações biológicas, o começo da aquisição progressiva de novos sensos experienciais de nós mesmos, em grande parte resultantes dos relacionamentos que desenvolvemos com as pessoas que nos cercam (Varela, Thompson & Rosch, 1992; Bermudez, Marcel e Eilan 1995; Greenberg, Rice & Elliott, 1996; Guidano, 1994; Ainsworth et al., 1978).

A experiência interativa, portanto, acaba sendo uma das mais formativas experimentadas pela criança pois, além de estabelecer um relacionamento concreto (real e vivido), ela também estará desenvolvendo uma experiência subjetiva (fruto do aprendizado), de como é estar com outra pessoa. Assim, sempre haverá uma interação subjacente, independentemente de como ocorra (seja na realidade ou mesmo na memória).

Chegamos, então, ao que Stern (1997) denominou de um modelo "de-estar-com". Tal modelo, segundo ele, é composto por: (a) uma representação baseada na experiência interativa de estar com uma pessoa de uma determinada forma (como por exemplo, ter fome e não obter resposta), ou seja, um modelo mental de experiência de concretamente estar com alguém e suas consequências e (b) uma representação "de-estar-com" entendida como uma rede de muitos modelos específicos "de--estar-com" *unidos* por um traço em comum das experiências afetivas. Portanto, a criança estará, continuamente, envolvida na construção de uma representação das interações, representação esta que a orientará nos relacionamentos atuais e futuros.

"*As representações*", afirma Stern (1997, p. 29), "*têm diferentes medidas e hierarquias*", uma vez que são vistas como verdadeiros amálgamas de recordações e de interpretações pessoais das interações experimentadas.

Além da representação da criança, há também uma representação materna da interação, consistindo no modo como a mãe (ou cuidador) experimenta e interpreta subjetivamente os sucessos objetivos da interação e compreende sua própria conduta e a do bebê. Temos, então, vários elementos presentes atuando de maneira interdependente e a mudança, em algum nível (comportamental ou representacional), alterará toda a cadeia de construção de significados da criança.

Por exemplo, o modo como a cuidadora experimenta seu papel de mãe (por ex., manifesta sua representação de si mesma por meio das atitudes no trato com seu filho – M_{rep}) cria uma "esteira de reações" possíveis de seus comportamentos em relação à criança (Figura 1). O filho, por consequência, modificará sua conduta inicial para ordená-la à nova realidade interativa recém-disposta pela mãe. Como a representação da interação é, do ponto de vista do filho (B_{rep}), influenciada pelo que acontece durante várias interações repetidas, este se verá obrigado a adotar uma nova conduta (B_{ato}) no intuito de ajustá-la a sua representação das interações atuais. Tal resultado será seguramente percebido pela alteração de sua representação (M_{rep}) em sua mãe. Nesse sentido, não importa em que nível a alteração se dará, mas sim, que ela acabará por alterar toda a cadeia.

B- bebê
M- mãe

$$B_{rep} \leftrightarrow (B_{ato} \leftrightarrow M_{ato}) \leftrightarrow M_{rep}$$

Figura 1 – Esteira de reações

Aprendemos a ser pais a partir dos padrões de interação que vivenciamos no papel de filhos, absorvendo aquilo que representamos como positivo (e, também, negativo) da conduta paternal. Tal modelo de interação também incluirá, sem dúvida alguma, a recordação da díade pai-mãe e do progenitor mais estável como o principal elemento de nossa vida passada.

Resumindo, assim como, fomos afetados pelos padrões de relação que tivemos com nossos pais (principalmente em nossa infância), também, nossos filhos serão afetados pelos mesmos padrões. É, assim, que se dará o ajuste daquilo que fomos com aquilo que seremos, pois cada um dos progenitores levará consigo verdadeiras redes de modelos "de-estar-com" que compreendem sua própria família de origem e sua organização particular atual (Stern, 1997).[2]

As experiências de estar com outros são compreendidas como condutas ativas de integração. Estar com um outro e interagir com ele pode ser uma das mais poderosas experiências a serem vividas na vida de um bebê (seja pela presença, gerando segurança, ou pela ausência, provocando ansiedade). O relacionamento com os outros é um delineador poderoso do que nos tornaremos no futuro. Poderíamos, ainda, comparar a presença indispensável de um meio psicologicamente "nutriente" com a necessidade fisiológica ininterrupta de um ambiente provido de oxigênio. Tal necessidade é relativamente "silenciosa" até que tomemos consciência de quando ela não é satisfeita (Ross, 1992).

Devido a seu caráter altamente assimétrico, essa relação constitui a via pela qual se imprime, na criança de tenra idade, a maior parte das influências do mundo externo (como, também,

---

[2] Numa pesquisa iniciada em 1925 e realizada em Berkeley – Califórnia, foram estudados os padrões de relação entre pais e filhos no transcorrer de 4 gerações seguidas. Concluiu-se após quase 60 anos que 60% das famílias mantiveram os mesmos padrões de interação de seus bisavôs (citado em Howe, 1997).

os fatores social, econômico e cultural). Neste sentido, afirma Howe (1997), nossa personalidade ou nosso "eu" surgirá (a) a partir de nossas relações sociais, (b) pela *qualidade* de tais relações sociais e (c) pelo modo como o "eu" lidou com as relações em função do que ocorreu nas relações anteriores. E, conclui afirmando que a qualidade das relações influirá no tipo de personalidade que se forma, e esta que surgirá afeta o tipo de relações que se experimenta. As diferenças naturais de temperamento, humor, capacidade argumentativa, confiança em si mesmo e curiosidade intelectual se formarão por meio de respostas sociais diferentes, criando meios sociais diferentes, os quais cada um terá de dominar em sua vida futura.

Segundo Stern (1997), durante os primeiros meses de vida da criança, o progenitor lhe favorece uma densidade enorme de tráfico interativo, filtrando e regulando as interações e relativamente dirigindo a quantidade de estímulos do mundo exterior.

Na opinião de Horowitz (1990), a maioria dos comportamentos observados em uma criança em relação a seus pais (obtenção de segurança, satisfação das necessidades de alimentação etc.), além de buscar intrinsecamente o contato, delimitam os chamados esquemas gerais de relacionamentos ou os "modelos de papéis relacionais".

Horowitz (1990, p. 63) diz que *"um modelo de papel relacional consiste em uma esquematização mental das características relativas do eu e dos outros, é um tipo de roteiro do que cada um pode fazer ao outro numa sequência de interações"*. E, como, outros esquemas de comportamento, os modelos de papéis relacionais acabam por demonstrar certas propriedades particulares. Quando um modelo de papel relacional ou operativo (Howe, 1997) é ativado, servindo de organizador mental atuante, a criança tenderá a agir de acordo com as sequências contidas neste roteiro (o qual já contém informações anteriores sobre as interações e as respostas dos outros). Portanto, os "modelos de papéis relacionais" de Horowitz (1990) são similares aos "modelos-de-estar-com" de Stern (1992, 1997), pois ajudam a transformar as percepções sociais disponíveis em um todo único conjugado e articulado.

Concluindo, diríamos que os processos humanos de conhecimento, embora singularmente (intra)pessoais, são inerentemente interpessoais. Interessante dizer que macacos ou chimpanzés, por exemplo, ao serem deixados em completo isolamento, falham em reconhecer a si próprios em um espelho e experimentam considerável dificuldade para relacionar-se com seus parceiros quando, posteriormente, introduzidos em um grupo. Ou seja, o desenvolvimento do autoconhecimento simbólico – o tipo envolvido na autoconsciência e em outros relacionamentos com o si mesmo – requer uma interação com "outros" da mesma "família" sistêmica (Mahoney, 1992).

Vale a pena concluir dizendo que tais esquemas, sejam lá como venham a ser definidos, são usados pelo bebê de forma incrivelmente eficaz na criação de comportamentos e de modelos operacionais adaptativos quando as experiências passadas forem gratificantes e, de forma disfuncional, na criação de padrões desadaptados de comportamento quando as experiências forem desagradáveis.

2.4. Compartilhando estados afetivos

Os bebês podem, mesmo sendo muito pequenos, compartilhar dos estados afetivos com seus parceiros sociais. Tal fenômeno foi denominado de "referenciamento social" por Emde et al. (1978), Klinert (1978) e Campos & Stenberg (1980).

Por exemplo, bebês de um ano de idade colocados em uma situação concreta que criava sentimentos de incerteza e ambivalência mediante a aproximação e o afastamento de seus cuidadores, normalmente, olhavam para suas mães no intuito de "ler seu rosto" e perceber seu conteúdo afetivo como uma pista para a orientação. Tal comportamento foi entendido como, essencialmente, orientado àquilo que deveriam sentir e/ou para conseguir uma outra possível avaliação capaz de ajudá-los a resolver seus impasses, dúvidas ou incertezas. A tese central desenvolvida é que tais bebês nunca iriam confrontar suas avaliações com as da mãe, a não ser que atribuíssem a ela a capacidade de possuir e de sinalizar afetos relevantes para seus próprios estados emocionais.

Stern (1992, p. 118) afirma que *"o bebê, de alguma maneira, faz uma comparação entre o estado de sentimento conforme experienciado dentro dele e conforme visto 'sobre' ou 'em' outrem, uma comparação que podemos chamar de interafetividade"*. A atividade de compartilhar os "humores" e "estados afetivos" aparece, antes mesmo, do compartilhamento dos estados mentais direcionados aos objetos. O ato de se "refletir" um estado emocional (ou de sentimento) de um bebê torna-se tão importante que favorece o desenvolvimento do conhecimento de sua afetividade, seu senso de eu e sua identidade.

Seria difícil imaginar uma situação em que não haja nenhum tipo de compartilhar "interafetivo". O estado afetivo da mãe tem o poder de determinar ou modificar o estado afetivo do bebê, permitindo a ela estabelecer e alterar, até certo ponto, aquilo que o bebê experiencia momento a momento em sua vida. Portanto, pode-se perceber a importância dos relacionamentos afetivos nas fases iniciais da vida de uma pessoa.

Cabe ressaltar, ainda, que tal influência não se dá única e exclusivamente neste período, mas estende-se por toda a vida, determinando e dirigindo os estilos de relacionamentos futuros a serem experimentados pelo adulto. Os relacionamentos de vinculação, manifestados por meio das condutas de apego, apresentam uma série de implicações extremamente sérias para as questões do desenvolvimento humano.

2.5. A busca de proximidade

De forma sucinta, uma vez que, voltaremos a abordar tal tema, pode-se dizer que a "vinculação" é uma propriedade encontrada em uma "díade" relacional, cuja principal função é a criação de um vínculo afetivo duradouro em relação a um outro diferenciado e preferido (Bowlby, 1989, 1990b; Ainsworth et al., 1978). Tal comportamento serve para aumentar ou manter a proximidade de uma criança (ou de um indivíduo) com os pais, esposa ou outro familiar preferido, incluindo até mesmo possíveis substitutos para tais pessoas (no caso de sua ausência eventual ou permanente), tais como animais de estimação, bichos de pelúcia, cobertores etc. Routh & Bernholtz (1991) afirmam que os comportamentos de apego em crianças jovens abarcam, além da busca dos cuidadores, a busca de proximidade física com objetos de apego e outras ações cujo efeito seria a manutenção da proximidade e da segurança.

A ausência sistemática das interações emocionais seguras cria um espaço de vulnerabilidade e desenvolvimento da insegurança, como mencionou Winnicott (1994) ao dizer que *"as crianças angustiadas mudam de amigos com muita frequência e facilidade e as crianças seriamente perturbadas só conseguem filiar-se a bandos, isto é, grupos cuja coesão se baseia em planejar perseguições"* (p. 70). A base da tendência antissocial desses grupos, afirma ainda, contém a carência da boa experiência inicial, perdida pelo bebê em relação a seus pais, tendendo a atribuir a causa dessa lacuna à alguma falha ou omissão ambiental. A criança acaba assumindo, assim, a responsabilidade por tudo que saiu errado, não raro levando ao desenvolvimento de estados depressivos (Winnicott, 1989).[3]

---

[3] Klein (1948), também, estabeleceu que a possível dificuldade de vinculação do bebê com os pais favorece a formação do que chamou de "posição depressiva". Em tais casos, frequentemente, são encontradas as condutas antissociais cuja função é o restabelecimento da ligação perdida por meio dos impulsos destrutivos.

A insensibilidade precoce por parte dos pais pode estimular a criança a construir modelos operativos internos do ambiente social ("modelos-de-estar-com"), essencialmente, hostis e insensíveis e do eu como algo inadequado ou indigno de ajuda e conselho. Esses modelos pré-conscientes do eu e do mundo gerarão necessariamente uma angústia crônica, à medida que serão utilizados para antecipar, ordenar e assimilar a experiência futura, especialmente, nos momentos de tensão, novidade e crise.

Winnicott (1994) e Bowlby (1995) ampliam a questão afirmando que em atos antissociais, como por exemplo, relações sexuais promíscuas e roubo, o que é realmente desejado pela criança não é o objeto roubado, mas sim a pessoa – a mãe – de quem a criança precisa. O amor da criança acaba persistindo, embora permaneça reprimido.

Portanto, a criança antissocial está simplesmente olhando "um pouco mais longe" e recorrendo à sociedade, em vez de recorrer à família ou à escola, para o fornecimento da necessária estabilidade emocional no intuito de atravessar os primeiros estágios de seu crescimento, sem tanto desconforto. Assim, novamente, chegamos à evidência de que os processos de vinculação tornam-se predominantes no bom desenvolvimento da saúde mental e, qualquer tipo de perturbação na relação criança-cuidador criará condições pouco propícias à manutenção do equilíbrio psicológico.

No período inicial, é a mãe que age pela criança, sendo ela, na verdade, a responsável por sua personalidade e consciência, uma vez que os seres humanos não são capazes de agir de maneira a obter aquilo que desejam ou mesmo de reconhecer as vontades das outras pessoas (Bowlby, 1995). Gradualmente, a criança vai aprendendo a interagir com o mundo e, à medida que isto acontece, a mãe habilidosa vai progressivamente lhe passando os papéis. Trata-se de um processo lento e contínuo, iniciado na primeira infância e só finalizado ao se atingir a maturidade psicológica. *"Mas o desabrochar da personalidade e da consciência da criança só pode se dar satisfatoriamente se suas primeiras relações humanas forem constantes e positivas*" (Bowlby, 1995, p. 85).

Se a relação for marcada pela ausência ou privação desses cuidados, segundo Bowlby, será observado o atraso no desenvolvimento social e da linguagem e, conforme a privação se prolonga, mais gravemente serão afetadas as outras habilidades pertencentes a estas fases de desenvolvimento. Portanto, sob a expressão *"privação da mãe"*, conhecem-se três condições diferentes, embora similares em natureza e gravidade, que levam a graves efeitos: (a) quando um bebê ou criança pequena é separado de sua mãe ou cuidador e criado numa instituição onde recebe cuidados maternos insuficientes; (b) quando um bebê ou criança pequena recebe da mãe ou substituto, cuidados absolutamente insuficientes em sua própria casa e não recebe cuidados de outras pessoas para amenizar a insuficiência de interações e, finalmente, (c) quando uma criança pequena passa por uma série de separações de sua mãe e/ou figuras de mães substitutas, formando um vínculo com cada uma delas.

Pode-se dizer que a qualidade e a experiência das relações sociais aprendidas de um indivíduo afetam o tipo de personalidade que este desenvolve. Tal fator acabará por influenciar as suas relações atuais, em grande parte determinando a maneira pela qual definiremos a sua personalidade. Isto nos dá liberdade para afirmar que o comportamento humano é tão biologicamente *inato* como socialmente *aprendido*, geneticamente *herdado* como culturalmente *adquirido* (Howe, 1997, p. 21).

2.6. Os registros das experiências iniciais

As experiências, de modo geral, e, como vividas no tempo real, não possuem uma estrutura completa até que estejam concluídas e possam ser reconstituídas na memória. Dentre os vários tipos de memória existentes, o que mais nos interessa é a chamada "memória episódica", capaz de abranger ações, percepções e afetos que são os principais ingredientes e/ou atributos do que se conhece por um "episódio recordado". Stern (1992), a este respeito, menciona que a unidade memorial básica é o episódio, um pedaço pequeno, mas coerente das experiências vividas. Não existe nenhuma experiência vivida que não se agrupe para formar episódios, pois raramente existem percepções ou sensações sem os afetos, cognições e/ou ações correspondentes.

Um episódio de relacionamento desloca-se, inicialmente, para a memória como uma unidade indivisível e completa. Com o passar do tempo, e com a ocorrência de vários episódios específicos e de razoáveis semelhanças (com mínimas diferenças), a estrutura interna do bebê começará a formar o "episódio generalizado", ou seja, um agrupamento de episódios relacionais específicos.

O episódio generalizado (EG) não é, portanto, uma memória ou episódio específico (do tipo que reproduz uma situação da maneira exata como ocorreu), mas uma representação abstrata das situações experimentadas. O EG é uma estrutura relacionada entendida por "média geral" das experiências, criando expectativas das ações, sentimentos e sensações. Vale a pena lembrar que, de um modo geral, as pessoas codificam e lembram de ideias ou significados gerais e muito pouco dos detalhes (Ross, 1992).[4]

Aumentando um pouco mais o grau de organização e complexidade, chegaremos aos blocos construtores básicos, as chamadas "estruturas de evento generalizado" (EEG) – estruturas formadas a partir dos EG. Além de acumularem várias

---

[4] Em alguns experimentos foi demonstrado que quando solicitadas a recordar uma lista de palavras decoradas há mais ou menos uma semana, as pessoas muitas vezes as substituem por sinônimos. Se a palavra 'lápis' estivesse na lista, por exemplo, elas se lembrariam de caneta, pintura, desenho. Portanto, é relativamente mais fácil aprender ou memorizar coisas que estejam relacionadas com a informação presente na memória do que adquirir informações, inteiramente novas, sem nenhuma relação com o que foi visto antes.

características dos eventos, elas também são uma representação média das "interações pessoais" vivenciadas e, por sua vez, também generalizadas. Elas tornam-se, portanto, os registros acumulados das interações passadas ou os chamados "registros de interações generalizadas" (RIGs) (Stern, 1992). No caso dos bebês, que é o nosso interesse central, as experiências vividas são agregadas e transformam-se em um protótipo médio dos relacionamentos, contribuindo para a construção de seu "eu" (Ross, 1992). Assim, após a segunda experiência de episódios aproximados, o bebê terá formado uma RIG. Mas, uma RIG é alguma coisa que nunca aconteceu anteriormente daquela maneira exata, pois trata-se de uma "aproximação generalizada" (ou uma construção) das interações ocorridas, o que não quer dizer que não faça uso do material vivido anteriormente para ser edificada. A experiência de estar com um outro autorregulador, conforme mencionamos anteriormente, também, contribui para a formação dessas estruturas (RIGs). Quando um bebê experimenta um determinado sentimento, este evoca a RIG correspondente da qual ele é um dos atributos. E, assim, cada vez que uma RIG é ativada, um pouco da experiência originalmente vivida é ativada na memória.

Sempre que uma RIG de relacionamento é ativada, o bebê depara-se com o que Stern (1992) chamou de "companheiro evocado". O companheiro evocado é uma experiência abstrata (consciente ou inconsciente) de estar com um outro ou em sua presença que funciona como parâmetro de comparação com a experiência em andamento. Essa comparação, além de servir de nova contribuição para as RIGs, vai atualizando-as progressivamente pelas experiências de vida.

Os companheiros evocados, também, podem ser trazidos à memória ativa durante um episódio em que o bebê esteja sozinho, mas revivendo uma relação de "estar-com" um outro – na forma de uma memória dos eventos prototípicos vividos. As experiências atuais passam, portanto, a incluir a presença de um companheiro inexistente, mas concreto, evocado na memória.

Bowlby (1988), ao abordar os sistemas de apego, descreve aspectos muito semelhantes no que diz respeito aos modelos operacionais internos já descritos. Segundo ele, a partir das primeiras experiências do bebê com as figuras centrais de sua vida – as chamadas figuras de apego, a criança constrói uma linha de raciocínio mais ou menos primitiva partindo dos modelos de inter-relação vivenciados. Com o tempo, estes "modelos" se estruturarão e serão a base para abstrações futuras, servindo de elementos de previsão às expectativas de relacionamentos futuros. A ênfase consiste nos modelos histórico-*relacionais* das interações entre a criança e certas figuras-chave de sua história de vida.

Esses modelos tendem a regular o que a criança sente em relação a cada um dos pais, a ela mesma, à forma como ela espera que cada um a trate e à forma como ela planeja seu próprio comportamento em relação a eles, governando seus medos, seus desejos e suas expectativas concernentes ao futuro.

Assim, poderíamos supor ser admissível a ideia de que cada pessoa constrói em grande parte os modelos operacionais do "mundo" e de "si própria" a partir dessas experiências-modelo de suas primeiras interações que, além de terem se constituído em um "protótipo" dos relacionamentos, guiam nossa estrutura interna, formando nossa imagem e delimitando aquilo que poderemos experimentar em uma relação futura.

Seja pela noção dos companheiros evocados (Stern, 1992), seja a partir dos modelos funcionais (Bowlby, 1989, 1990b), os relacionamentos interpessoais parecem ter a capacidade, desde o início da vida, de delimitar aquilo que a criança será nos anos vindouros. Da mesma forma que as pessoas adquirem conceitos sobre as mais variadas coisas e objetos, assim elas adquirem os conceitos sobre si mesmas e seus lugares no mundo.

Em primeiro lugar, por estarem constantemente em companhia de si mesmas e serem capazes de observar suas próprias ações e, em segundo lugar, por sofrerem as re-*ações* das outras pessoas. Tal processo inicia-se no primeiro ano de vida, quando o bebê gradualmente descobre se as pessoas são ou não confiáveis, se é seguro explorar seu ambiente e, se elas serão capazes de fazê-lo. Ao observar seus sucessos e fracassos, seus pontos fortes e fracos e seus gostos e desgostos, a criança armazena tudo isso na memória, formando um esquema de si mesma.

Tais esquemas, carregados de memórias prototípicas, representam a história passada e acumulada dos vários tipos de interação com outros e possuem uma função orientadora, organizando o presente e criando expectativas para o futuro – uma verdadeira função estabilizadora e reguladora para a experiência de si mesmo. Assim, uma vez ativada a memória, por alguma razão, as experiências subjetivas sociais são trazidas à tona, independentemente de estarmos conscientes de sua presença. O bebê mantém contato, parte do tempo, com parceiros externos "reais" e com companheiros "evocados" quase o tempo todo; companheiros retirados de várias RIGs que operam em muitos níveis de ativação e consciência (Stern, 1992). A noção de eu-com-outro torna-se, então, uma realidade "subjetiva" mas, ao mesmo tempo, altamente palpável. O "estar-em-relação-com" pode ser entendido como um ato de construção de significado, no qual nos definimos e nos reconhecemos continuadamente.

Em resumo, vemos que o bebê, independentemente da teoria adotada, inicia sua vida com muitas capacidades e potencialidades para relacionar-se, existindo já muito precocemente em sua vida uma organização ou um "senso de self", apesar da ausência de linguagem e das representações formais. A apreciação da relação com outros abre espaço a uma adaptabilidade imensa, expressa pelas inclinações inatas e necessidades de conexão e relacionamento. Portanto, um senso de "eu" raramente será separado de um senso de "nós", com suas naturais necessidades de troca. Será assim que as fronteiras fixadas de um si mesmo estático cedem lugar a um "self em relação" em franco desenvolvimento e ao longo de toda uma vida.

2.7. Conclusão

Muitos aspectos de nossa personalidade formam-se durante a infância à medida que experimentamos um círculo constante de relações íntimas com nossos pais, família e amizades. O tipo de adulto no qual nos converteremos não é somente o produto de nossa natureza biológica, mas também o resultado de uma miríade de interações que mantemos com quem nos rodeia ao longo dos anos iniciais de formação (Howe, 1997).

Para a maioria de nós, a qualidade de nossas relações com os demais continua sendo uma área de experiência das mais importantes e o critério pelo qual, muitas vezes, ajustamos a avaliação de nosso bem-estar e satisfação. Os relacionamentos recíprocos, nos quais as pessoas sentem-se ouvidas, vistas e entendidas, bem como emocionalmente recebidas, são basicamente as circunstâncias mais importantes para o desenvolvimento de nossa subjetividade.

E, como mencionou Stern (1997), a primeira interação experimentada entre mãe e filho tem mudado relativamente muito pouco ao longo dos milênios, se comparada a outros tipos de interações humanas. Vale ressaltar ainda que as condutas da interação entre pais e filhos, formadoras de grande parte destas interações, não são a comunicação verbal retratada por meio dos comentários ou das interpretações da relação, mas a própria relação (Stern, 1997).

Assim, nas mais variadas formas, é por meio dos relacionamentos que nos conhecemos. É na troca e no oferecimento de apoio e de segurança é que encontramos a oportunidade de entendimento de quem somos e de quem é o outro. Quando conseguimos desfrutar de tais condições, temos a possibilidade de presenciar a construção de nossa identidade de maneira saudável e organizada – o que não acontece no ambiente carente dessas características.

Assim sendo, descobrir os padrões ou as sequências repetidas de interações desenvolvidas por uma criança com seus cuidadores é deparar-se com a coluna vertebral do que a criança potencialmente se tornará em sua vida adulta. No caso das interações patológicas, elas denunciam as rupturas ou descontinuidades mais dramáticas e estereotipadas de estilos prematuros de comportamentos de ligação.

Dunn (1993) declara não ser possível supor que alguma medida do comportamento de um indivíduo, num ponto particular do tempo, seja independente da história das relações prévias que o mesmo experienciou. O estudo do vínculo entre uma criança e sua experiência contém o reconhecimento de que nenhum indivíduo pode ser compreendido sem, também, que seja compreendida as relações em ele que vive. "*Aquilo que somos*", afirma Howe (1997, p. 16), "*é o resultado de uma vida de relações*". Portanto, uma experiência – seja ela boa ou ruim –, faz com que se repita uma outra de mesma categoria potencial.

Tivemos como um dos objetivos deste capítulo revelar algumas das contribuições da literatura existente em relação ao modo como os relacionamentos iniciais são importantes para o desenvolvimento e criação de uma estrutura emocional equilibrada. Os aspectos que mais interessam aos nossos propósitos são, conforme discutidos na introdução do presente trabalho, as questões da vinculação propostas por John Bowlby que abordaremos com mais profundidade no capítulo a seguir.

- Capítulo 3 -
A Teoria da Vinculação segundo John Bowlby

Existem muitas evidências de que os seres humanos, de todas as idades, serão mais felizes e mais capazes de desenvolver seus talentos quando estiverem seguros de que, por trás deles, existe uma ou mais pessoas que virão em sua ajuda caso surjam dificuldades.

JOHN BOWLBY

3.1. Introdução

O estudo do *apego* ou da *vinculação*[1] teve seu início marcado por uma pesquisa sobre as origens do desenvolvimento psicopatológico, na infância e na idade adulta, realizada por John Bowlby na Clínica Tavistock (Inglaterra). Este estudo representou um rompimento com a conceituação e a pesquisa psicanalítica tradicionais sobre a correlação entre perda e separação durante a infância e os possíveis distúrbios emocionais desenvolvidos na idade adulta. O objetivo de Bowlby foi, desde o início, compreender as possíveis influências adversas no desenvolvimento da personalidade e a falta de cuidados maternos adequados durante os primeiros anos de vida – quando as crianças são separadas daquelas pessoas que lhe são familiares e lhe fornecem apoio emocional (Bowlby, 1989).[2]

Por ocasião destas pesquisas, Mary Ainsworth entrou no grupo de pesquisas de Bowlby, alterando o curso das análises sobre o apego e trazendo para este as metodologias da pesquisa experimental do desenvolvimento da criança (Ainsworth, Blehar, Waters & Wall, 1978). O foco central dos estudos ateve-se às interações observadas entre mãe e criança e, no caso de Ainsworth, neste comportamento quantificável. A vinculação foi, então, entendida nos termos do comportamento demonstrado pela criança no procedimento denominado *Experimento da Situação Estranha* – uma reprodução em laboratório do processo de separação e união. Como resultado desta investigação, a teoria da vinculação foi amplamente explorada nos Estados Unidos como uma teoria do desenvolvimento socioemocional

---

[1] Utilizaremos os termos apego ou vinculação como sinônimos em nosso texto pelo fato de ser, o primeiro termo, mais utilizado na literatura psicológica brasileira e, o segundo, mais utilizado na literatura portuguesa.
[2] Nesta época, e desde o final da II Guerra, na Inglaterra, praticamente todas as mulheres trabalhavam fora. Por isso, as crianças eram deixadas em creches públicas – o que originou toda essa demanda por estudos a respeito de falta de contato e cuidado da criança com os pais logo na primeira infância.

da criança, em vez de uma prospecção da etiologia das desordens emocionais do adulto (Sperling & Berman, 1994). Ao contrário do que se imaginava, a teoria da vinculação foi muito rejeitada pela psicanálise por ser, excessivamente, simplista e muito desvinculada da teoria freudiana original.

Fundamentada nas teorias da etiologia e da evolução, a teoria da vinculação de Bowlby (1985, 1990a, 1993a) foi estruturada sobre o conceito da existência de um sistema comportamental que regula os comportamentos de busca por proximidade e a manutenção de contato da criança com indivíduos específicos que venham a fornecer segurança física ou psicológica. O sistema de vinculação, desta forma, é um sistema comportamental independente semelhante a outros sistemas comportamentais como o alimentar-se, satisfazer as necessidades fisiológicas e explorar o ambiente. Assim, os comportamentos de vinculação objetivam a proximidade com as figuras de apego para a obtenção de segurança e apoio psicológico – características básicas para a sobrevivência.

Para que seja ativado ou desativado pela criança, este sistema deve desenvolver-se desde as primeiras experiências com as figuras centrais de sua vida (as chamadas figuras de vinculação), sendo estas experiências consideradas histórico--*relacionais* que favorecerão a criação dos chamados "modelos internos de trabalho,[3] os quais orientarão a criança em seus próximos laços afetivos.

3.2. A teoria da vinculação – algumas características

O estudo de Bowlby sobre a vinculação inicia-se no final da década de 1950, quando foi realizada uma revisão crítica dos as-

---

[3] No original lê-se "Internal Working Models" (IWM).

pectos de vinculação utilizados na teoria freudiana e na literatura psicológica infantil. Durante muitos anos, os teóricos psicanalistas atribuíram um papel central às primeiras relações vivenciadas pela criança, afirmando que é a partir destas interações que a estrutura da personalidade é edificada. Assim sendo, o vínculo estabelecido pela criança com sua mãe ou com quem venha a desempenhar o papel de "cuidador" obedece aos seguintes princípios:

a) A criança possui um certo número de necessidades fisiológicas que devem ser satisfeitas, principalmente aquelas relacionadas à segurança e ao conforto. Este pensamento oferece à teoria freudiana a premissa de que as crianças necessitam *satisfazer-se* organicamente e, decorrendo desta lógica, desenvolvem o amor. Uma vez saciada a necessidade de nutrição pela mãe ou pelo cuidador, o vínculo infantil é instituído. Este princípio é, também, denominado por Freud de "teoria do impulso secundário".

b) O recém-nascido possui uma inclinação inata ao relacionamento com o seio materno (no sentido de possuí-lo oralmente) e, com o passar do tempo, toma conhecimento de que este seio é um prolongamento da pessoa que exercerá o papel de mãe ou cuidadora.

c) O recém-nascido tem uma propensão congênita para o contato físico intenso com um ser humano. Desta forma, a questão da necessidade não se restringe apenas aos aspectos relacionados à alimentação e ao conforto, sendo extensíveis, também, aos aspectos do contato corporal.

d) Os bebês ressentem sua expulsão do ventre e procuram voltar a ele.

Das pressuposições descritas acima, a que mais obteve vigor foi a do "impulso secundário" (Freud, 1976 [1924]) no qual, a razão por que a criança de colo deseja perceber a presença de sua mãe é *"somente porque ela já sabe por experiência que esta satisfaz todas as suas necessidades sem delongas. A situação, portanto, que ela considera como um perigo e contra a qual deve ser protegida é a de não satisfação*" (p. 161).

O motivo básico que mobiliza a criança a procurar sua mãe, então, é o fato de saber que suas necessidades serão rapidamente satisfeitas. Tal explicação manifesta um caráter de cunho orgânico em que a criança é salva de seu desamparo biológico por meio da intervenção materna. Esta proposição, de maneira muito semelhante, também serviu de base às asserções oferecidas pelos teóricos da aprendizagem.

Todavia, de uma maneira inversa, Bowlby (1990b) levantou uma outra hipótese que contrariou os princípios acima estabelecidos: o vínculo da criança com sua mãe não é movido pela busca da satisfação de um desejo, mas um produto da atividade de um certo número de sistemas cuja meta principal é a busca de proximidade. Tal fato é facilmente verificável ao se observar uma criança em seu segundo ano de vida, quando se locomove para alcançar sua mãe na presença de circunstâncias ameaçadoras. Esta atitude, chamada "comportamento de vinculação", foi definida por Bowlby como um conjunto integrado de sistemas comportamentais destinados à restituição da segurança pessoal, comportamento este visto como tão importante quanto o acasalamento ou mesmo a manutenção do comportamento parental. Percebe-se, então, que o espaço destinado às alegações da teoria do impulso perde aqui seu alicerce. Estes sistemas comportamentais que ativam a vinculação, conforme propostos por Bowlby (1990a), são resultantes da interação do bebê com seu meio ambiente e, em especial, com a figura mais importante deste meio – a mãe ou o cuidador.

A este respeito, Harlow (1961) propôs uma pesquisa interessante. Colocou filhotes de macacos rhesus em uma gaiola privados de alimentação e com dois bonecos que imitavam os corpos de suas mães. O corpo do primeiro boneco era revestido por uma tela de arame que continha uma mamadeira disposta em seu centro e o do segundo, em lugar da tela aramada, o revestimento era aveludado e macio, mas sem qualquer objeto de alimentação disponível. Depois de um tempo, quando as respostas dos filhotes diante de ambas as mães foram comparadas, houve uma tendência muito mais expressiva de procurar aquelas que conferiam as sensações de aconchego (causadas pelos revestimentos aveludados de seus corpos), embora as mesmas não dispusessem de mamadeiras. Registros tomados de forma automática mostraram que os dois grupos de filhotes passavam muito mais tempo subindo na mãe aveludada e abraçando-a (15 horas em média) do que com a mãe de arame que continha a alimentação. Durante os primeiros 14 dias de vida dos filhotes, o chão das gaiolas era aquecido por uma almofada elétrica, mas a maioria dos filhotes deixava a almofada, assim que podia subir em sua mãe de pano (não aquecida). Além disso, à medida que cresciam, os registros mostravam que os filhotes passavam um tempo cada vez maior acariciando a superfície aveludada da segunda mãe. Por mais estranho que pudesse parecer, aqueles que subiam na mãe de arame para se nutrir não mostravam qualquer tendência a passar com ela mais tempo do que o necessário para alimentar-se (1 hora em média). Isso veio, então, a contradizer a ideia freudiana de que a afeição seria uma simples resposta aprendida e derivada da associação dos comportamentos de redução da fome ou sede, pois quando "aconchegados" pela mãe de veludo, não raro penduravam-se nela na tentativa de atingir a "outra" mãe de arame que continha a alimentação. Torna-se, assim, evidente o fato de que a amamentação possui um papel de menor importância no estabelecimento da afetividade, conforme proposto originalmente, pois tais deduções vieram a divergir completamente da teoria do impulso secundário proposta pela psicanálise.[4]

---

[4] Bowlby (1990b) afirma, a respeito da teoria do impulso secundário, que entre as várias razões pelas quais os psicanalistas são relutantes em abandoná-la é que se precisa de alguma teoria para explicar a elevada frequência de sintomas francamente orais em todos os tipos de condições neuróticas e psicóticas (p. 233).

Outro fato reitera tal aspecto – o comportamento de apego não se restringe somente à figura de um cuidador mais velho e forte, mas poderá ocorrer de um bebê se apegar a outros bebês da mesma idade ou mais velhos, explicitando que a conduta de ligação pode ser desenvolvida em relação a uma figura que nada realizou para contentar as necessidades fisiológicas da criança.

Quando o estudo foi direcionado aos bebês humanos, constatou-se que sempre que a mãe se distanciava, o bebê reagia com choro e, dependendo de sua idade, não raramente engatinhava na tentativa de seguir a mãe e re-assegurar a aproximação. Em uma menção do estudo de Ainsworth et al. (1978) realizado com crianças gandas, foi assinalado que, após tornarem-se habilitadas a engatinhar, sua permanência com suas respectivas mães não ocorria de forma integral, ou seja, o tempo todo. Mas, em vez disso, permaneciam tempo suficiente para sentirem-se "seguras" e depois passavam a explorar o meio circundante (objetos ou mesmo pessoas estranhas). Essas crianças, assim, utilizaram suas mães como guias para as incursões experimentais no ambiente, chegando a ficar até mesmo distantes em termos de alcance visual em alguns momentos. Após alguns breves períodos de separação, quando caíam ou ficavam assustadas e sua segurança extenuava-se, repentinamente buscavam a redução do distanciamento da mãe e retornavam a suas bases de segurança.

No ser humano, portanto, a vinculação é permeada por muitos tipos diferentes de conduta, entre as quais as mais comuns são chorar e chamar, balbuciar e sorrir, agarrar-se, a sucção não nutritiva e a locomoção. Todos estes comportamentos têm, como resultado previsível, a busca de contato com a mãe. Tais considerações, também, contemplam um outro aspecto relativo à proximidade física, isto é, a distância mantida entre uma criança e sua cuidadora. Sempre que a extensão entre estes dois polos for alterada por alguma razão, é provável que um ou outro membro do par tome a iniciativa de reduzir o afastamento criado. Tal espaço é sustentado dentro de certos limites estáveis, sendo que, em determinadas circunstâncias, é a mãe que provê a redução dessa distância.

Assim, o bebê realiza suas explorações ambientais nos momentos em que não se ocupa da aproximação física do cuidador. E a mãe, por sua vez, desenvolve atividades nas quais a presença infantil não é observada. Comportamentos antagônicos ao do apego serão, também, sempre manifestados de forma a contrabalançar a ocorrência daqueles comportamentos.

Muitas são as circunstâncias que podem ser consideradas como "ativadoras" das condutas de vinculação, sendo a primeira delas a distância.[5] Crianças observadas em experimentos mantiveram uma distância inferior a 60 metros e sempre que essa variação era aumentada, a grande maioria delas regressavam rapidamente. A segunda circunstância apontada por Bowlby (1990b) foi o intervalo de tempo. Crianças de dois anos de idade, por exemplo, ocupadas com atividades lúdicas, erguiam seus olhos, periodicamente, para averiguar onde estavam suas mães. Ambos os exemplos refletem ativações chamadas de baixa intensidade nas condutas de vinculação.[6]

Uma vez reputados como positivo, o contato e o intercâmbio afetivos criarão uma relação em uma atmosfera de equilíbrio e tranquilidade. Todavia, sempre que for sentido como desagradável e doloroso provocará comportamentos de refração e afastamento. Tais variações em torno de tal comportamento serão enfocadas mais detalhadamente no transcorrer desta obra.

---

[5] Razão pela qual esta teoria é também intitulada de "teoria espacial", ou seja, uma de suas grandes características é a alternância da proximidade física com o cuidador.
[6] Outras circunstâncias também foram apontadas como impulsionadoras desta conduta, como por exemplo: condição física da criança (fadiga, fome, doença, dor, frio), comportamento da mãe (ausência ou afastamento) e possíveis variações das condições ambientais (eventos alarmantes ou relacionados à alimentação por terceiros).

Três características têm sido propostas para distinguir o apego de outros vínculos relacionais: (1) busca de proximidade, (2) efeito de base segura e (3) protesto de separação (Weiss, 1991), a saber:

1. *Busca de proximidade.* A criança tentará se manter dentro do âmbito protetor de seus pais. O âmbito protetor é reduzido em situações estranhas ou ameaçadoras.
2. *Efeito de base segura.* A presença de uma figura de vinculação favorece a segurança para a criança. Isto resulta em desatenção às considerações de apego e na exploração e no desempenho confiantes.
3. *Protesto de separação.* A ameaça à contínua acessibilidade da figura de vinculação faz surgir o protesto e ativa as tentativas de evitar a separação.

E a esse respeito, algumas outras condições são ativadoras, a saber:

4. *Elicitação por ameaça.* A criança procura os pais como fonte de segurança quando se sente ameaçada, ou seja, nas situações cotidianas que incluem a experimentação de segurança os pais podem ser tratados como companheiros de brincadeira ou ignorados.
5. *Especificidade da figura de vinculação.* Uma vez estabelecida a vinculação com uma pessoa em particular, somente essa figura é objeto de vinculação, pois sua proximidade promove uma base de segurança psicológica e a separação conduz a reações de protesto.
6. *Inacessibilidade do controle consciente.* Os sentimentos de vinculação persistem, mesmo quando há a percepção de que não poderá haver reencontro com a figura de vinculação, no caso de morte. As manifestações de protesto permanecem, mesmo que a figura de vinculação esteja inacessível e outra figura ofereça a proteção adequada.

7. *Persistência*. O grau de vinculação não diminui com o hábito, ou seja, a vinculação nas relações interpessoais de longa duração mantém-se tão intensa como naquelas estabelecidas recentemente, vindo a persistir mesmo nas condições de ausência de reforço.
8. *Insensibilidade às experiências com a figura de vinculação*. As condutas de vinculação persistem mesmo quando a figura de vinculação é negligente ou abusiva, podendo os sentimentos de raiva e cólera associar-se às relações de vinculação, acarretando conflitos. Mas, em condições de perigo ou ameaça, a segurança continua a ser procurada por meio da relação.

3.3. Os três estilos de vinculação

Para que possamos ampliar ainda mais as caraterísticas das interações mãe/bebê, vale mencionar que o progresso e a melhoria dessa vinculação obedecerá sempre à "sensibilidade" da mãe em ser continente às respostas de seu filho e, de forma complementar, à quantidade e à natureza do laço afetivo.

Igualmente, um aspecto de relevância primordial nessa verificação será a quantidade de segurança abstraída pela criança no trato com seu cuidador. Este aspecto foi mensurado inicialmente por Mary Ainsworth et al. (1978), em um procedimento intitulado *Procedimento da Situação Estranha* que consistia em uma série de episódios de três minutos (com uma duração total de vinte minutos), nos quais uma criança de um ano era observada em uma sala pequena, com um número significativo de brinquedos, mas que lhe era estranha e, além disso, era acompanhada pela presença de um adulto desconhecido. Tal ensaio compunha-se, primeiramente, da companhia de sua mãe, seguido de sua saída do ambiente para uma posterior volta. O procedimento objetivava medir a tensão acumulada pela criança na ausência de sua mãe e, assim, estudar as diferenças individuais que as caracterizavam em função do uso que faziam de suas cuidadoras no que se referia à capacidade de experimentar conforto ou desconforto na exploração do ambiente desconhecido.

Nesse experimento, por exemplo, um bebê de doze meses de idade conseguiu fazer explorações com razoável liberdade na presença do desconhecido, servindo-se de sua mãe como base de apoio às suas pesquisas ambientais. Não se angustiando com a súbita ausência materna, tal criança recebeu sua mãe com entusiasmo e afeto no retorno, procurando ser apanhada no colo e, permanecendo um bom tempo em sua proximidade – este bebê foi classificado por Ainsworth como *seguramente apegado*. Na outra extremidade estavam as crianças que não fizeram explorações do ambiente e demonstravam-se sobressaltadas na presença de um intruso, ainda que diante de suas mães e, em sua ausência, demonstraram amplo desnorteamento e penúria, não sendo raro a rejeição do acolhimento materno em seu retorno, sugerindo um visível desinteresse pelo regresso da mãe – tais bebês foram classificados por Ainsworth como *inseguramente apegados*.

Bowlby afirmou, então, ser um poderoso indicativo da qualidade da relação experimentada pela criança com sua mãe, após uma breve ausência, o modo como responde por ocasião de sua volta. Houve também a constatação de um terceiro tipo de reação, aquele em que a criança demonstrou uma ambivalência emocional após o reencontro, ora buscando e ora resistindo ao contato materno.

Tendo-se em vista esses critérios, Ainsworth et al. (1978), elaboraram os seguintes padrões de comportamento por meio de estatísticas:

Padrão A

Aproximadamente 20% das amostras referiam-se aos bebês que, após a restituição da presença materna, evitaram ativamente o contato com a mesma, especialmente após sua segunda ausência breve. As crianças nesta amostra trataram muito mais amigavelmente um estranho do que a própria mãe, não sendo rara a demonstração de comportamentos antissociais (hostis) e, paradoxalmente, buscando excessivamente atenção. Desta maneira, foi-lhes atribuída por Ainsworth et al. (1978), a classificação de *ansiosamente apegadas e evitativas*.

Crianças pertencentes a esta categoria normalmente mostram-se incertas quanto à possibilidade de receber algum tipo de ajuda (ou resposta) de seus pais, caso venham a requerê-las. Em função dessa indeterminação, tais indivíduos predispõem-se, sistematicamente, a viver "ansiedades de separação" e, assim, permanecem longos períodos "grudados" a outras pessoas. Esse padrão interativo normalmente é marcado pelo conflito com pais que se mostram disponíveis e prestativos em algumas ocasiões e, em outras, não apresentam tal receptividade.

Não foi incomum, também, ser manifestada a ameaça de abandono, por parte dos pais, como forma de coerção e meio de controle de seus comportamentos. Tais crianças, aos seis anos de idade, demonstraram-se bastante evitativas ao manterem seus pais à distância. Os cumprimentos, se ocorriam, eram rápidos e formais e os assuntos de conversação caracterizavam-se pela impessoalidade. Segundo Bowlby (1989), a criança deste padrão usualmente mantém-se ocupada com brinquedos ou alguma outra atividade, ignorando ou mostrando-se desatenta às iniciativas parentais de contato.

Padrão B
Como maioria da amostragem, foram identificadas crianças que revelaram uma grande atividade nas brincadeiras e, por sempre terem sido confortadas por suas mães após uma separação breve, retornavam normalmente às suas atividades anteriores sem qualquer outra modificação de conduta sempre que eram deixadas sozinhas em um ambiente estranho. Em creches (com as mães ausentes), tendiam a ser cooperativas, populares e mais

capazes do que as demais. Tais crianças foram qualificadas por Ainsworth et al. (1978), como *seguramente apegadas*.

Neste modelo de relacionamento, o indivíduo está confiante que, caso ele depare-se com alguma situação adversa ou amedrontadora, seus pais sempre estarão disponíveis para auxiliá-lo de forma amável e afetiva. Tal apoio faz com que se sinta seguro o suficiente para enfrentar o mundo com serenidade nas possíveis situações de embaraço ou desconforto. Assim, essas crianças, aos seis anos de idade, são aquelas que tratam seus pais de maneira amigável e relaxada, estabelecendo intimidade de maneira espontânea e sua forma de interação verbal tende invariavelmente a ser livre e tranquila (cf. Tabela 1).

Padrão C

O terceiro grupo foi constituído por demonstrar uma oscilação de comportamentos entre a busca de proximidade e a relutância ao contato materno e/ou interação com a mãe. Alguns bebês evidenciaram um procedimento essencialmente "colérico", enquanto outros (em menor número) posicionaram-se de maneira particularmente "inativa". Tais crianças, mostraram uma mescla de insegurança que incluiu tristeza/medo e intimidade, alternada quase sempre pela hostilidade. Vale a pena ressaltar que, embora essas crianças tenham sofrido algumas interrupções da assistência materna (ou paterna), é muito provável que essa rejeição não tenha sido total, mas parcial e intermitente. Consequentemente, essas crianças ainda esperam obter amor e cuidados, ao mesmo tempo em que se sentem angustiadas com a possibilidade de serem esquecidas ou abandonadas. Tais circunstâncias, de certa maneira, aumentam suas "exigências afetivas" ao recusarem-se a ficarem sozinhas e protestarem com muito mais raiva, se isso vier a ocorrer. Ficaram apontadas na classificação de Ainsworth et al. (1978), como *ansiosamente apegadas e resistentes* (cf. Tabela 1).

Neste modelo, o indivíduo não tem nenhuma confiança de ser auxiliado ao procurar assistência; ao contrário, espera sempre ser rejeitado e não acolhido. A disposição interna dessa pessoa encontrar-se-á voltada para uma autossuficiência emocional em função dos constantes descuidos por ela vivenciados, quando buscou amparo e proteção em sua vida pregressa. Embora sempre estejam antecipando uma resposta negativa por parte dos pais, essas pessoas demonstram-se "extremamente boas" ou até mesmo, em outros momentos, sedutoras.

Tabela 1 – Padrões do Comportamento da Interação da Criança com a Mãe no *Procedimento da Situação Estranha*

Padrões de Vinculação	Descrição dos Comportamentos de Interação
Padrão A: Inseguro-Evitativo	Exploração independente da mãe (no início, separa-se da mãe para explorar o ambiente; baixa partilha de afetos; estabelece relação com o estranho). Evitação ativa da mãe após a reunião (olha para o outro lado, movimenta-se em outra direção, ignora; não evita o estranho).
Padrão B: Seguro	A mãe é uma base de segurança para exploração do ambiente (separa-se para brincar, partilha emoções enquanto brinca, estabelece relação com o estranho na presença da mãe; conforta-se rapidamente após situação indutora de estresse). Busca ativa de contato e de interação após reunião (quando agitada, procura imediatamente o contato e este põe fim à agitação; quando não está agitada, mostra-se satisfeita por ver a mãe e dá início à interação).

Padrões de Vinculação	Descrição dos Comportamentos de Interação
Padrão C: Inseguro-Ansioso	Comportamento exploratório pobre (dificuldade de se isolar para explorar o ambiente; necessita sempre de contato, mesmo antes da separação; receio de situações e pessoas diferentes). Dificuldade de estabelecer contato após a reunião (existência simultânea de procura e resistência ao contato, gritando, dando pontapés ou rejeitando brinquedos; pode continuar a chorar e gritar ou aparentar grande passividade).

FONTE: Ainsworth et al. (1978).

É interessante observar que a referida taxonomia contempla a relação desenvolvida entre o equilíbrio dinâmico (ou o desequilíbrio) das categorias de "exploração" e "vinculação" experimentadas pelas crianças. Um exemplo é a observação de bebês definidos como *seguramente apegados* – mesmo parecendo contentes no distanciamento das mães, mantiveram-se atentos aos seus movimentos e, de tempos em tempos, voltavam a aproximar-se, sem alarme. Em contraste, nenhuma das crianças *ansiosamente apegadas* exibiram tal conduta; estas tenderam a ser passivas, enquanto outras manifestaram condutas estereotipadas. Outras, ainda, envolveram-se em algumas explorações (em tempo menor das *seguramente apegadas*) mas, mesmo que preocupadas com o paradeiro de suas mães, não pareciam estar satisfeitas com o contato pessoal, quando este acontecia.

Mais recentemente, Main & Solomon (1986) sugeriram a existência de um outro padrão de vinculação (padrão "D"), denominado de *desorganizado/controlador*. Este padrão foi atribuído a bebês que não exibiam uma conduta passível de classificação dentro dos três estilos prévios, mas que exibiam uma versão mais "desorganizada" de um desses três padrões. Tais crianças, no Procedimento da Situação Estranha, foram então, assim, classificadas por demonstrarem comportamentos contraditórios, movimentos e expressões incompletos ou indiretos, comportamentos estereotipados e movimentos assimétricos, denotando uma conduta característica de desorganização e desorientação. Suspeita-se que este padrão de comportamento advenha de mães, demasiadamente, preocupadas com alguma situação de luto em relação a uma figura de vínculo que tenha sido perdida durante a infância da mãe ou um trauma associado aos relacionamentos de vinculação e que envolveram algum tipo de abuso físico ou sexual. Assim, em vez desses pais terem "criado" seus filhos, esperaram que os filhos lhes dessem conforto e contato – o inverso do que seria esperado. Portanto, nessas situações, o papel exercido pelo filho(a) era o de nutrir e oferecer o cuidado materno. Mas, no decorrer deste livro utilizaremos somente a leitura que contempla a classificação dos modelos com 3 dimensões (*seguro, inseguro-evitativo* e *inseguro-ambivalente*), não sendo utilizadas as classificações de 4 dimensões, citadas anteriormente (Bartholomew & Horowitz, 1991).

    Considerando os três padrões de interação, outras variáveis comportamentais, também, foram apontadas como pertencentes a essas categorias de condutas, como por exemplo, chorar, manifestar raiva etc. Crianças pertencentes aos padrões inseguros A (inseguro-evitativo) e C (inseguro-ansioso) comprovaram ser mais intensas na demonstração de suas frustrações (ao reagirem com choro) do que as pertencentes ao do grupo B (seguro), que, além, de mostrarem tal 'tolerância', eram usualmente mais cooperativas no atendimento aos pedidos e ordens de sua mãe. Quanto ao comportamento de expressão de raiva, vale salientar que as ameaças de abandono não só criaram intensa ansiedade, mas fizeram surgir a cólera cuja função foi dissuadir a figura de vínculo a continuar o seu intento de renúncia.

Podemos deduzir por meio do previamente exposto que as mães, no convívio com seus filhos, exercem uma forte influência (quase que determinante) na criação do "estilo relacional" a ser notado em suas vidas futuras. Sejam quais forem as causas para uma mãe comportar-se desta ou daquela maneira, tal relação desempenhará um papel primordial na determinação do modelo de interação que o bebê demonstrará em sua vida presente e futura.[7]

Assim, segundo Bowlby, existem realmente inúmeras evidências da forte correlação entre o padrão de vínculo observado em um bebê ou uma criança mais velha e o padrão de cuidados maternos que receberam; portanto, existem evidências fortemente sugestivas de que o padrão de vínculo de uma criança com sua mãe é, em alto grau, a consequência do padrão que ela recebeu de cuidados maternos.

É evidente que quanto maior o grau de satisfação obtido por cada "parceiro" em tais interações, mais solidamente (e, portanto, mais *seguramente*) elas serão constituídas. De forma contrária, quanto mais infortúnio ou descontentamento essas interações possam, eventualmente, oferecer aos participantes da relação, maior será a tendência de alguma das partes de tentar alterá-las, pois tais contatos serão marcados fundamentalmente pela angústia, insegurança e raiva. Deve ser ressaltado aqui o fato de que essas interações não estão predestinadas a se manterem inalteradas para o resto da vida do bebê em virtude das vinculações iniciais. O fato importante a ser mencionado

---

[7] Em um outro estudo citado por Bowlby, afirmou-se que a maneira pela qual uma criança será tratada por sua mãe é, em certa medida, previsível antes mesmo de seu nascimento e sobre isso afirmou que "a reação de uma mãe ao choro do bebê se correlacionava com ideias e sentimentos que ela expressara dois anos antes" (p. 363).

aqui é que não se devem observar os estilos interacionais pueris como prognósticos fidedignos e indubitáveis de sucesso ou fracasso, mas sim um padrão que, dependendo dos acontecimentos posteriores, poderá persistir e estabelecer-se de forma mais definitiva.

Um ponto relevante da continuidade dos padrões assenta-se na tese de que as estruturas de relacionamentos tendem, com o decorrer do tempo, a permanecer constantes quanto a seu estilo e sua forma, uma vez que são frutos de um estilo de interação resultante de uma adaptação mútua e a promoção de qualquer tipo de alteração vai requerer a mudança do comportamento de ambas as partes envolvidas no processo. O que normalmente observamos é que as tendências familiares presentes costumam perpetuar-se na medida em que o *modus operandi* dos relacionamentos não é mantido somente por uma díade e sim, muitas vezes, por quase toda uma família (Carter & McGoldrick et al, 1995).[8]

Uma causa provável para a manutenção de tal "estrutura" com o passar do tempo é o fato de uma criança *segura*, possivelmente, ser mais cooperativa no seu trato do que outras e, portanto, exigirá menos cuidado dos pais, favorecendo uma relação "mais leve" para ambas as partes. Uma criança *ansiosa e resistente*, ao contrário, tenderá a ser um pouco mais "resmungona" e agarrada, enquanto uma criança *ansiosa e evitativa* se manterá distante e implicante. Pode-se facilmente verificar que estes dois últimos tipos de interação tendem a induzir uma resposta desfavorável por parte dos pais (ou de estranhos), dando início a um círculo vicioso (complementar) de ação e reação e

---

[8] Foi constatado em um estudo citado por Bowlby que, durante os primeiros doze meses, uma criança pode apresentar padrões diferentes de vínculo com cada um dos pais. As crianças com um relacionamento seguro com ambos os pais eram mais "confiantes e competentes; as que não tinham um relacionamento seguro com nenhum deles eram menos; e as que tinham um relacionamento seguro com um dos pais, mas não com o outro, ficavam no ponto intermediário" (p. 388).

perpetuando o processo indefinidamente. Conforme a criança se desenvolve, existirá a propensão de instauração do modelo vivenciado por ela, tornando-se assim uma propriedade sua. Isto significa que ela tenderá a imputar este estilo a novas relações que venham a existir, concretizando um vigoroso processo de reprodução dos moldes anteriores.

3.4. Outros aspectos da relação mãe/bebê

Um obstáculo sistemático manifestado na compreensão dos comportamentos de vinculação é a inteligibilidade do referido conceito. A confusão entre "comportamento de vinculação" e qualquer outra forma de conduta que leve uma pessoa a buscar ou obter proximidade física com outra pessoa tem sido frequente. Uma criança que visa obter a aproximação do outro com outras metas que não a obtenção de segurança, mesmo no trato com sua mãe, não estará caracterizada como manifestando um comportamento de apego ou de vinculação.

Entende-se por tais sistemas de regulação de segurança aqueles cujas atividades são direcionadas à redução do risco de um indivíduo vir a experimentar situações ameaçadoras e desorganizadoras. Tal processo propende ao alívio da ansiedade e a um aumento da segurança pessoal. Bowlby (1990b) entendeu por conduta de vinculação qualquer forma de comportamento que faça com que uma pessoa alcance ou conserve a proximidade de outro indivíduo diferenciado e preferido, isto é, uma consequência de um sistema básico regulador de grande importância biológica para a sobrevivência pessoal. A esse respeito, Bowlby (1989) ainda ressalta estar implícito nessa abordagem assumirmos que o comportamento de vinculação está, em alto grau, previamente programado e pronto para desenvolver-se ao longo de certas linhas.

Assim sendo, poderemos supor ser admissível a ideia de que cada pessoa constrói em grande parte os modelos operacionais do mundo e de si própria, a partir destes modelos prévios de interação que nada mais são do que uma representação interna que inclui aspectos do *self*, da figura de ligação, dos aspectos invariáveis destas interações e os afetos que conectam as duas figuras. Os modelos internos de trabalho estão baseados, assim, na história dos relacionamentos anteriores somados às interações atuais entre o *self* e a figura de vinculação, quando o sistema comportamental de vínculo é ativado. Além disso, os modelos internos de trabalho definem previamente as regras pelas quais dois indivíduos irão interagir, incluindo-se aí os comportamentos, sentimentos e pensamentos. Essas regras permitem que cada indivíduo antecipe ou planeje – acertadamente ou não – o que a outra pessoa irá fazer, dado o conjunto das atitudes passadas, podendo então evocar reações e comportamentos determinando a interpretação da situação presente (Berman & Sperling, 1994).

Nas interações interpretadas como "favoráveis" pelo sujeito, um fator determinante é a ideia que faz a respeito de quem são as suas figuras de vinculação, onde podem ser encontradas e como responderiam a tal solicitação. Um elemento preponderante desse processo é o aspecto da previsibilidade (ou seja, como a criança prevê e elabora o seu futuro). Portanto, certas conjecturas individuais (de quão acessíveis ou receptivas as figuras de ligação hão de mostrar-se caso a criança venha a buscar apoio e amparo; o nível de prontidão ou o apoio potencial disponível etc) acabam por ser poderosos indicadores de quanto uma pessoa sente-se aceitável ou inaceitável aos olhos das figuras de afeição, pois a confiança no imediato socorro evidenciará o grau de estima adquirido pelo indivíduo no decorrer de sua história. Isto auxilia, de maneira análoga, na determinação (da programação) de quais serão as reações exibidas frente a um possível perigo.

Na ausência dessa base segura, ou seja, nas interações em que será experimentado o "desconforto" na relação, a resposta individual de alarme frente ao risco será muito mais vultuosamente manifestada do que na situação em que a criança está ciente e *segura* de que poderá contar com a proteção dos cuidadores. Os padrões perturbados dessa classe de comportamento poderão ser manifestados em qualquer idade, quando o desenvolvimento vier a seguir um curso anormal. Desta maneira, grande parte dos casos que chegam aos consultórios psicológicos nada mais são do que indivíduos exibindo anomalias interacionais derivadas das condutas excessivamente inseguras ou ansiosas de apego.

Bowlby (1990) enumerou alguns dos padrões patogênicos que uma criança poderá experienciar, a saber:

a) Ausências persistentes de respostas de um ou ambos os pais ao comportamento evocador de cuidados e de proteção da criança, depreciação ou rejeição marcada;

b) Descontinuidade da vinculação parental, ocorrendo em situações de hospitalização ou internação em qualquer outra instituição;

c) Ameaças permanentes por parte dos pais de não amar a criança, usadas como instrumentos coercitivos de controle;

d) Ameaças dos pais de abandonar a criança e a família, também como tentativa de controle ou como uma maneira de coação do cônjuge;

e) Ameaças de um dos pais de abandonar ou matar o outro ou cometer o suicídio e, finalmente,

f) Induzir culpa à criança, alegando que seu comportamento é ou será responsável por doença ou morte dos pais.

Dessa forma, qualquer uma dessas classes de experiências poderá levar uma criança, um adolescente ou um adulto a viver em constante ansiedade, com medo de perder sua figura de vinculação e, por consequência, desenvolver um baixo limiar de ativação dos comportamentos de ligação.

Como mencionamos, uma autoconfiança bem estabelecida será, geralmente, o produto de um crescimento lento e progressivo, da infância à maturidade, durante o qual, por meio da interação com outros – encorajadores e seguros – o indivíduo aprende a combinar a confiança nos outros com a confiança em si mesmo.

A presença ou a ausência de uma boa figura de ligação determina, por assim dizer, a maneira pela qual uma pessoa irá responder às situações de sua vida futura.

Bowlby (1993a) afirmou que uma criança desprezada tende não apenas a sentir-se não querida pelos pais como, também, a crer que é essencialmente (ou seja, por todos) indesejada. Da mesma forma, uma criança muito amada pode crescer não apenas confiando no afeto dos pais, como também, acreditando que todas as pessoas a sua volta a acharão digna de confiança e afeição. Como tais generalizações mostram-se, logicamente, indefensáveis, elas retratam uma regra geral.

Podemos perceber, então, que uma criança constrói uma linha de raciocínio (de certo modo primitiva) a partir desses modelos unidos de inter-relação que irão se estruturar com o passar do tempo e servir de base para abstrações futuras.

3.5. A vinculação e algumas das consequências para a vida adulta

A personalidade adulta será vista, por sua vez, como o produto dessas interações entre o indivíduo e certas figuras-chave de sua história de vida, sendo a capacidade de estabelecer laços emocionais íntimos com outros indivíduos (às vezes, no papel da figura que busca ser cuidada) um traço principal do efetivo funcionamento da personalidade e da saúde mental.[9] Indivíduos que cresceram ao lado de pessoas afetivas que sempre forneceram apoio e proteção, provavelmente, acharão difícil conceber mundos diferentes do seu. Isso lhes dará a sensação quase inconsciente de que, ao enfrentarem dificuldades, não importando quando nem onde, sempre existirão figuras honestas e prontas a proporcionar-lhes auxílio. Por sua vez, aqueles que se desenvolveram sob circunstâncias díspares raramente aceitarão a ideia de poder existir ambientes dignos de confiança ou pessoas aptas a prover apoio e cuidados em seus momentos de embaraço. Em sua maturidade, dificilmente conseguirão vincular-se a alguém e, se assim o fizerem, desconsiderarão a possibilidade de tal laço poder imputar qualquer aspecto de infalibilidade e segurança. Por meio de seus olhos, a vida será constituída pela pobreza de valores, falta de conforto e, indo até o outro extremo, facilmente previsível no que diz respeito à infelicidade e à solidão.

A capacidade de se estabelecer laços emocionais íntimos com outros indivíduos na infância é, portanto, considerada como um traço capital do bom funcionamento da personalidade na vida adulta.

Podemos, então, concluir que o modelo que o adulto constrói de si mesmo também reflete, de uma forma ou de outra, a imagem que seus pais tiveram – e têm – desta pessoa. Tal representação não é somente participada pela forma com que os pais o trataram, mas, também, pelo que cada um disse a seu respeito. Esses modelos tendem a regular o que o adulto

---

[9] Bowlby (1990a) a este respeito assegura que "ao examinarem as causas possíveis de distúrbio psiquiátrico, os psiquiatras infantis perceberam desde cedo que as condições antecedentes de incidência significativa elevada são a ausência de oportunidade para estabelecer vínculos afetivos ou então as prolongadas e talvez repetidas rupturas de vínculos já estabelecidos" (p. 67).

sente em relação a cada um dos pais, a ele mesmo, à forma como ele espera ser tratado por cada um e à forma como ele planeja seu próprio comportamento em relação a eles, bem como suas atitudes em relação a seus filhos. Esses modelos, portanto, governarão seus medos, seus desejos e suas expectativas quanto ao futuro.

Em um estudo citado por Main, Kaplan & Cassidi (1985), foi mencionada a forte correlação entre a forma pela qual uma mãe descreve seu relacionamento com seus pais e o modelo de vínculo que agora estabelece com seu filho. Em um nível bem simples, apontou-se que a mãe de uma criança *seguramente apegada* tende a narrar sua infância de maneira consideravelmente feliz, demonstrando muita prontidão e disposição a relatar quaisquer detalhes solicitados (eventos felizes ou não). Contrariamente, mães de crianças *ambivalentes* descreveram relacionamentos turbulentos e infelizes com seus pais, mesmo assim, demonstrando-se de alguma maneira "presas" a eles. As mães de crianças consideradas *evitativas* procuraram dar a clara sensação de que tiveram uma infância feliz, mesmo sendo incapazes de descrever episódios que sustentassem tal opinião. Com frequência, as duas últimas categorias de mães não conseguiram se recordar de quase nada de maneira linear e consistente, muito menos no oferecimento de detalhes em como foram tratadas.

3.6. Aspectos gerais da contribuição de Bowlby

Conforme discutimos anteriormente, os *estilos interacionais* ou de vinculação tendem, com o passar do tempo, a se manter inalterados. Uma proposição importante a ser destacada é que, no amadurecimento, existirá uma disposição da criança para "atualizar" gradualmente esses estilos. No estilo *seguramente apegado*, o indivíduo continua a ter modelos funcionais de interação disponíveis durante a vida e, assim, tendem a permanecer as representações positivas de si. No caso das crianças *inseguramente apegadas* (ambivalentes e evitativas), a possibilidade de atualização desses modelos para outros mais seguros será, em certo grau, impedida de ocorrer, pois a criança tenderá a refratar todo tipo de comportamento que não contemple o estilo habitual, não permitindo a atualização e reformulação de seu padrão interno diante de novas experiências (mesmo na idade adulta).[10]

Assim sendo, as asserções propostas, até então, pela teoria do apego de Bowlby (1985) podem ser sistematizadas da seguinte maneira:

a) A conduta de vinculação é considerada como oriunda de qualquer forma de comportamento cujo resultado é a consecução ou a manutenção da proximidade de outra figura, diferenciada e preferida. Na presença dessa figura de apego ou de ligação, os comportamentos manifestados por aquele que busca o seu contato podem incluir desde a verificação visual até a auditiva ao seu chamado efetivo (choro e agarramento);

b) O comportamento de vinculação é dotado de dinâmica própria, sendo distinto de outras classes de comportamentos como o de alimentação e o sexual, não sendo menos importante, em termos de função, destes últimos apresentados. É considerado um comportamento instintivo na medida em que é orientado para uma meta e "corrigido" frequentemente durante seu desempenho de modo a alcançar seu

---

[10] A respeito desta "incapacidade" de alteração dos modelos internos ou da incapacidade de um indivíduo reconhecer informações que não estejam em acordo com sua estrutura cognitiva, sugerimos a leitura da clássica obra de Festinger (1975). A Teoria da Dissonância Cognitiva. Rio de Janeiro: Zahar.

objetivo final, isto é, a manutenção de distintos graus de proximidade às figuras diferenciadas e preferidas;

c) Apresentando seu início no contato primeiro com os progenitores, a conduta de vinculação não se limita apenas à infância, mas sim por toda uma vida. Potencialmente ativo, é também considerado um comportamento oriundo de bases biológicas, sendo assim de vital importância para o ser humano. É um erro profundo supor que, quando ativo na idade adulta, indique patologia ou regressão;

d) Enquanto subsistir um laço de vinculação, os comportamentos necessários para manter essa relação só serão ativados em certas condições específicas, como por exemplo o cansaço, a estranheza, a presença de algo assustador ou a falta de disponibilidade da figura de ligação. Todavia, quando esta classe de comportamentos estiver sendo avivada, sua finalização poderá demandar contato físico (segurar ou agarrar) ou por alguma conduta de pacificação por parte da figura de vinculação;

e) Muitas das mais intensas emoções manifestam-se durante a formação, conservação, rompimento ou renovação destes laços afetivos. A formação de um laço é descrita, popularmente, como "apaixonar-se" por alguém, a manutenção ou conservação do vínculo é descrita como "amar" alguém e a perda como "sofrer" por alguém. A manutenção dessa relação é experimentada como fonte de segurança, e sua renovação, como geradora de alegria. As emoções são assim consideradas como *"um reflexo direto do estado dos laços afetivos da pessoa"* (Bowlby, 1985, p. 40);

f) O comportamento de vinculação converteu-se em uma característica de muitas espécies no curso de sua evolução, pois contribui diretamente para a sobrevivência do indivíduo, conservando-o em contato com aqueles que dele cuidam, diminuindo com isso a possibilidade de não sobrevivência e garantindo sua adaptabilidade evolutiva;

g) Um comportamento complementar a essas condutas é o comportamento de cuidar. É geralmente manifestado por um indivíduo mais velho em relação a um mais novo, mas, também, é demonstrado por um indivíduo mais velho em relação a outro, especialmente em momentos de tensão, doença ou velhice e, finalmente,

h) Os principais determinantes do "padrão relacional" desenvolvido na idade adulta e o padrão pelo qual ele se organiza são, muito possivelmente, as experiências vividas pela criança em sua fase de infância e de adolescência. Os padrões perturbados dessa classe de comportamento poderão ser manifestados em qualquer idade, quando o desenvolvimento seguir um curso anormal (como por exemplo, a evocação extremamente fácil desta conduta ou pela sua ausência completa).

Portanto, sempre que um indivíduo tiver a fácil garantia de acesso a uma figura de ligação toda vez que necessitar, estará ele menos sujeito a variações bruscas de humor e menos suscetível a sentir-se inseguro e com medo, se comparado aos indivíduos que não contaram com essa condição prévia. Dessa forma, a confiança ou a falta dela ao acesso à figura de vinculação (como, também, a resposta à solicitação) tenderá a persistir mais ou menos invariável pelo decorrer de uma vida. E, finalmente, as expectativas referentes à acessibilidade das figuras de ligação são reproduções relativamente precisas dos ensaios afetivos individuais vivenciados na história passada.

3.7. Desapego: uma reação da criança frente

à separação

Outro aspecto que vale a pena ser mencionado na teoria de Bowlby é a questão envolvendo as perdas "permanentes" na vida de uma criança, ou o conhecido "trauma da perda" – foco de atenção dos estudos do comportamento de vinculação. A tese central desta premissa é que a longa duração do pesar, assim como a dificuldade de sua recuperação, poderá criar consequências adversas para o funcionamento da personalidade ao longo do tempo. Acreditou-se durante algum tempo que as crianças pequenas logo esqueciam suas mães e, assim, debelavam seus sofrimentos rapidamente, supondo-se, portanto, que o desgosto infantil tivesse curta duração.

Em vários estudos sistemáticos realizados em creches e hospitais, o choro pela ausência materna foi uma reação preponderante, especialmente durante os três primeiros dias após a separação. Embora, se demonstrasse decrescente, o padrão de choro manifestou-se pelo menos nos nove dias subsequentes à separação nos momentos em que a criança "ia para a cama" dormir e durante toda a noite, bem como a busca insistente da mãe "desaparecida". Em outro exemplo, descrito também por Bowlby (1985), uma criança de três anos e meio, internada há dez dias em um hospital, revelava uma brincadeira solitária que à primeira vista demonstrava ser bastante tranquila. Ao ser abordada silenciosamente por funcionários, a criança estava engajada em um "ritual" silencioso no qual ela se curvava, girava a cabeça para a esquerda e, repetidamente levantava o braço dizendo em voz baixa: *"minha mãe vem logo... minha mãe vem logo..."*. Tal conduta era seguida por seu olhar sistemático em direção à porta, por onde a mãe supostamente deveria entrar. Esse comportamento era manifestado pelo menos três horas antes do horário em que sua mãe supostamente chegaria.

Tais reações ocorrem porque, no caso de crianças pequenas, há uma compreensão de certa forma limitada do que realmente ocorreu. Um anseio persistente de uma criança por sua mãe está, frequentemente, imbuído de uma hostilidade intensa e generalizada. Suspeita-se que em sua origem está a não aceitação da separação do vínculo materno. Não raro, a tendência da criança, em questão, é estabelecer relacionamentos "superficiais" e "passageiros", tornando-se mais egocêntrica do que costumava ser no passado. Tais comportamentos tendem a aparecer tanto na fase pueril como na fase adulta, sendo também denominados por Bowlby (1985) de luto, ou seja, uma variedade bastante grande de processos psicológicos aflitivos, provocados pela perda de uma pessoa amada.[11] As consequências deste processo podem favorecer por parte daquele que experiencia o luto, uma superação sadia ou não (que seriam a não aceitação da ocorrência de mudanças no mundo exterior).

As questões relacionadas à separação da criança de sua mãe na primeira idade são conceituadas por Bowlby (1985) como comportamento de "desapego", regularmente observado sempre que uma criança entre seis meses e três anos de idade passou uma semana ou mais longe dos cuidados de sua mãe, sem ter sido entregue aos cuidados de uma pessoa especialmente designada para realizar tal tarefa. Tais condutas de desapego assinalam uma ausência, quase total, dos comportamentos de vinculação após o retorno materno, como por exemplo o caso de algumas crianças que demonstram dificuldade em "reconhecerem a própria mãe", após uma ausência significativa. Bowlby (1985) relatou em uma pesquisa realizada com 10 crianças em que, após serem separadas dos pais e por ocasião do retorno, duas delas "não consideraram" a presença de sua mãe, outras oito afastaram-se fisicamente dos pais e algumas outras, em

---

[11] Pareceu-nos útil usar a expressão "luto" num sentido amplo, para cobrir a variedade de reações à perda, inclusive aquelas que levam a um resultado patológico. Caso o leitor tenha interesse em conhecer a versão psicanalítica do referido conceito, sugerimos a leitura de Freud, S. (1969 [1914]). A História do Movimento Psicanalítico. Artigos Sobre a Metapsicologia e Outros Trabalhos. Rio de Janeiro: Imago, p. 275-291.

menor número, intercalaram suas expressões chorosas com momentos de inexpressividade. Assim sendo, o comportamento de desapego foi caracterizado pela maneira na qual uma criança separada comporta-se ao reencontrar sua mãe e indicativo da duração desta separação.

Conforme mencionamos anteriormente, as separações vividas pela criança podem favorecer o aparecimento de determinadas reações psicológicas que irão desde a manifestação do comportamento de desapego até às vivências mais duradouras de aflição psicológica ou, dito em outras palavras, à experimentação concreta do luto. Estas revelações indicam que a estrutura cognitiva da criança está pretendendo alcançar um estado de equilíbrio junto ao meio externo, frente aos sucessivos abandonos por ela experimentados. Desta maneira, ela irá progressivamente excluir ou afastar-se de todas aquelas circunstâncias que possam vir a "disparar" os sistemas de apego, uma vez que eles, se ativados, não serão satisfeitos gerando ainda mais frustração. Nesta tentativa de "proteção" do sistema (interno), a criança excluirá ativamente toda informação que venha a provocar a manifestação destes sistemas e, assim, evitará consequentemente maior sofrimento íntimo. Tal processo cognitivo é responsável pela "recusa ativa" de toda informação relativa e associada aos acontecimentos de afiliação e, portanto, executando o papel de um poderoso filtro informativo, e resultando em comportamentos de desapego emocional e uma progressiva – e talvez duradoura – inatividade das condutas de vinculação.

Bowlby (1972) afirma que a desativação do comportamento de ligação é especialmente passível de ocorrer nos primeiros anos, embora possa, sem dúvida, ser intensificada e consolidada no fim da infância e da adolescência. "Uma das razões por que a criança pequena é especialmente predisposta a reagir dessa maneira é que durante a segunda metade do primeiro ano de vida, e nos dois anos subsequentes aproximadamente, o comportamento de vinculação é evocado com mais facilidade, e continua a sê-lo, com alta intensidade e por prolongados períodos, causando grande sofrimento se não houver ninguém para reconfortar a criança. Consequentemente, é durante esses anos que ela é especialmente vulnerável a períodos de separação e, também, à rejeição ou ameaças de rejeição" (p. 72).

Desta maneira, podemos concluir este tópico afirmando que o processamento de informação estará atuando com o objetivo de preservar e, se necessário, amenizar o estado de aflição vivenciada pela criança. A refração da informação (*input*) é, segundo Bowlby (1985), um processo biologicamente adaptativo da estrutura cognitiva, tendo como meta a manutenção do equilíbrio psicológico. Em algumas ocasiões, tal processo pode ser facilmente detectável em pessoas que apresentam uma grande dificuldade em manter relacionamentos afetivos, mesmo que passageiros, não sendo rara a grande propensão em experimentar estados permanentes de autodesorganização e, em algumas outras ocasiões, a manifestação sistemática de sintomas depressivos e/ou algumas outras desordens.[12] Não nos ateremos demasiadamente a estas questões, pois se afastariam do objetivo primeiro deste capítulo que é o de fornecer uma noção panorâmica a respeito das dinâmicas do processo de vinculação propostas por John Bowlby.

3.8. Conclusão

Para concluir nossas ideias, pedimos a permissão ao leitor para reiterar algo aludido no decorrer deste capítulo: o fato de que todas as situações encontradas em nossas vidas podem ser

---

[12] No volume nº 3 de Bowlby de sua Trilogia "Apego e Perda" (intitulado Perda, Tristeza e Depressão) o leitor encontrará uma explicação mais pormenorizada acerca dos 'processos de luto perturbado' que podem na maioria das vezes, predispor um indivíduo a vivenciar algumas reações psicológicas desorganizadoras, tais como depressão, agorafobia, hipocondria, alcoolismo e alguns outros distúrbios psiquiátricos.

estabelecidas em termos dos modelos representacionais. Portanto, grande parte da informação disponível em nossa estrutura cognitiva será organizada e gravitará em torno de tais referências pessoais e de mundo. Considerando estas premissas, podemos seguramente argumentar que a qualidade da vida psicológica desenvolvida por uma criança, um adolescente ou mesmo um adulto irá se correlacionar diretamente aos "tipos de vínculos" vividos por ela no início de sua vida e de alguma maneira mantidos durante o amadurecimento. Tais "construções" lhe darão, satisfatoriamente ou não, a cor do mundo a ser visto. O panorama será claro e belo àquelas pessoas que de alguma maneira se sentiram valorizadas, queridas e encorajadas a enfrentar os desafios de sua existência, ao passo que para outras a realidade será considerada como fria, solitária e distante na proporção direta em que o necessitado apoio não foi estendido a elas.

- Capítulo 4 -
A Teoria da Vinculação: Outras Contribuições

Cada situação que passamos na vida é construída em termos dos modelos de relação que temos do mundo a nosso respeito e de nós mesmos. A informação que chega até nós por meio de nossos órgãos dos sentidos é selecionada e interpretada em termos destes modelos representacionais.

JOHN BOWLBY

4.1. Introdução

Ao longo dos capítulos anteriores procuramos demonstrar as várias facetas e, por que não dizer, as implicações do comportamento de vinculação nas estruturas de personalidade no transcorrer do ciclo vital de nossas vidas. Seja de seu tênue aparecimento na infância, passando a um traço mais característico nos primeiros anos de desenvolvimento e pronunciando-se como uma marca profunda na idade adulta, os comportamentos de vinculação entalham importantes peças de vida na sua repetida manifestação, que quando finalizadas constituem-se nas pilastras centrais dos mundos internos de cada um. Assim, o intuito do presente capítulo é o de levar o leitor a um aprofundamento em algumas peculiaridades e consequências para a vida como um todo das condutas de vinculação.

4.2. A vinculação infantil – características complementares

Inicialmente, vale a pena ressaltarmos que a teoria da vinculação é considerada, em essência, uma teoria que postula basicamente, que quando estamos perto de alguém em quem confiamos, sentimo-nos bem e felizes e, quando estamos longe deste alguém, os sentimentos são de ansiedade, tristeza e até mesmo solidão (Holmes, 1993). Sentir-se, então, apegado ou vinculado é sentir-se a salvo e seguro. Desta maneira, as dinâmicas de ligação podem ser entendidas e divididas em termos do grau de segurança ou de insegurança que transmitem àqueles que dela se utilizam. Portanto, muito mais além das questões teóricas, as estratégias de vinculação carregam fortes sugestões experienciais.

Também, de importância central à teoria é a noção de que a vinculação é direcionada sempre a uma figura discriminada e preferida, na qual a mãe acaba por ocupar o lugar do topo, seguida de perto pelo pai, avós, irmãos, e assim por diante, caracterizando uma perfeita *hierarquia relacional*. Todavia, nas premissas desta teoria, ao aceitar-se a primazia costumeira da mãe como o principal cuidador, não se inviabiliza a possibilidade de que os pais sejam, igualmente, prováveis em se tornarem a principal figura de vínculo, se acontecer de algum deles fornecer a maior parte do cuidado necessário à criança. E, assim, entende-se que a vinculação exerce uma invisível, mas poderosa influência na criança, assim como corpos celestes são conectados por forças gravitacionais (Holmes, 1993).

Desta forma, facilmente imaginamos a ponte que é criada ou, por que não dizer, a continuidade que é estabelecida ao se considerar a experiência fisiológica infantil como uma precursora do desenvolvimento das estruturas psicológicas posteriores e, ocupando a "confiança na resposta da mãe", o núcleo daquilo que entendemos pelas habilidades autobiográficas infantis (Holmes, 1993). Portanto, mediado pelas reações externas do cuidador, o bebê vai desenvolvendo constructos internos de significado a respeito do mundo que habita, assim como referências *pessoais* de como se posicionar frente a toda essa diversidade. Temos, então, a consistência maternal como elemento gerador de um senso de história infantil.[1]

Assim sendo, o cuidador, mesmo que não perceba, acaba por agir como um verdadeiro "ego auxiliar" de seu filho e, ao exibir diferentes níveis de sincronia afetiva, delimita os níveis e a intensidade dos comportamentos exploratórios da criança e sua disposição para se juntar a este cuidador nos momentos de

---

[1] Em alguns estudos sobre a transmissão intergeracional das condutas de vinculação, chega-se a encontrar alguns pares (mãe-filho) com vinculações desiguais, ou seja, adolescentes seguros, filhos de mães inseguras. Soares & Silva (1999) apontam para algumas hipóteses, todavia, uma resposta precisa e definitiva ainda não está formulada, uma vez que ainda não se tem conhecimento de como os diferentes modelos podem estar integrados dentro de um único modelo interno e em quais situações os modelos diferentes e/ou integrados podem operar.

insegurança. Quando as crianças se sentem seguras e confiantes, elas provavelmente serão mais sociáveis e menos inibidas, entrando mais facilmente em brincadeiras e atividades que incluam maior exploração ambiental. Por outro lado, quando as crianças sentem-se inseguras e falta-lhes a confiança no cuidador, elas provavelmente responderão com medo e ansiedade ou com defesa e evitação (cf. Fig. 1).

É interessante notar que, com o passar do tempo, conforme os comportamentos de aproximação e distanciamento da criança com o cuidador vão sendo repetidos, uma determinada modalidade de vinculação vai emergindo e tornando-se predominante sob a ótica da criança, criando uma verdadeira estrutura (ou filtro) de significado pessoal. Isto tem a função de ajudá-la a antecipar a ocorrência das novas situações como um todo, provendo-a de melhores condições de posicionamento nos episódios em curso de sua vida. Portanto, conforme vive suas experiências, desenvolve significados, criando a previsibilidade em vários níveis da experiência, principalmente nos níveis da interação humana (Parkes, Stevenson-Hinde & Marris, 1991).

No que diz respeito a estas interações, tais programas de previsão contêm informações sobre quem, quando e como certos indivíduos reagirão às necessidades diárias da criança, sobre seus principais cuidadores e estendendo-se aos outros membros da família. Assim, para cada membro na família, haverá *scripts* de ligação utilizados pela criança, até mesmo aqueles nos quais ela não está centralmente envolvida em seus contatos diretos. Portanto, é por meio dos princípios da repetição e da similaridade que os modelos de trabalho vão sendo progressivamente edificados.

Temos então de um lado, um mundo que deixa impressões a partir das mais variadas nuanças ambientais (que podem ser consistentemente receptivos, consistentemente hostis ou inconsistentemente receptivos) e, por outro lado, temos a força destas repetições transformadas em marcas experienciais na estrutura emocional do bebê (Holmes, 1996). Todavia, vale aqui uma observação no que diz respeito a este aprendizado interno.

Tabela 1 – Funcionamento do Sistema de Vinculação

```
                                    Tipo Seguro

   Tipo Inseguro
   Ambivalente
                    ┌─────────────┐  Sim  ┌──────────┐  ┌──────────────┐
                    │ A figura de │──────▶│Sentimento│  │ Alegre, me-  │
                    │ apego está  │       │   de     │  │ nos inibido, │
                    │suficientemente      │segurança,│  │ sorridente,  │
                    │ perto, atenta,      │ amor,    │  │ exploração   │
                    │ receptiva,  │       │confiança │  │ orientada,   │
                    │aprovadora etc.?     └──────────┘  │ sociável.    │
                    └─────────────┘                     └──────────────┘
                           │ Não
                           ▼
   ┌──────────────────────┐     ┌────────┐ ┌─────────┐ ┌──────────────┐
   │Hierarquia dos        │     │ Medo,  │ │Defensi- │ │Manutenção de │
   │comportamentos de apego:◀──│ansiedade│ │ vidade  │ │ proximidade  │
   │1. checagem visual.   │     └────────┘ └─────────┘ │enquanto evita│
   │2. assinalamento do   │                            │o contato     │
   │   restabelecimento   │                            │íntimo,       │
   │   de contato,        │                            │exploração    │
   │   chamamento, desculpa.                           │defensiva.    │
   │3. movimento para o   │                            └──────────────┘
   │   restabelecimento   │
   │   do contato, apego. │
   └──────────────────────┘
                                                Tipo Evitativo
```

Na realidade, para alguns teóricos, o mundo externo fornece os "elementos" para que a criança atribua significados de uma maneira pessoal e idiossincrática aos eventos vividos, ou seja, segundo este entendimento, não é somente o mundo que delimita as marcas (estilos maternais) de uma vida a ser seguida, mas, antes, é a vivência e a percepção desenvolvida pela criança desta experiência que se constitui no material subjetivamente gerado destas situações. Assim, como o filtro pessoal interpreta e dá significado às interações, os tipos ou os padrões de vinculação desenvolvidos são fruto desta maneira subjetiva, pela qual a criança significou a experiência (Sassaroli & Lorenzini, 1992). Portanto, a especificação final e formativa, segundo os autores, vem daquele que organiza e ordena a experiência em curso.

Por outro lado, outras pesquisas realizadas em amostras clínicas indicam direções contrárias, ou seja, no que diz respeito à criação do estilo relacional mãe/bebê, a mãe é que parece desempenhar um papel mais importante do que a própria criança na formação da qualidade do relacionamento de vinculação. *"Em cerca de 80% dos casos até aqui estudados, o vínculo mãe/bebê pode ser previsto com base no modelo interno de trabalho de vínculo da mãe"* (van IJzendoorn, Goldberg, Kroonenberg & Frenkel, 1992, p. 855). Em outras palavras, para estes outros autores, são as mães que acabam por atribuir características e motivos ao bebê, os quais estão enraizados em seus próprios conflitos internos, não necessariamente vindo a refletir as motivações e necessidades das crianças. Assim, a pressão para concordar com estas atribuições maternais é gradual e, progressivamente, internalizada pela criança, cujo modo de comportar-se muitas vezes vem a ser estritamente concordante com as atribuições exibidas por sua cuidadora – a mãe (Lieberman, 1997).

De uma forma ou de outra, seja por meio da construção pessoal por parte da criança ou das características maternas de ligação, os padrões de vinculação acentuam-se mais cedo ou mais tarde na vida emocional do bebê. Assim, a qualidade e a intensidade da disponibilidade emocional do cuidador é importante, não apenas, para o conteúdo das representações mentais dos relacionamentos da criança, mas também, para fomentar a maneira pela qual estas representações tomarão lugar. Seja na presença de uma condição positiva e segura de disponibilidade dos cuidadores ou na ligação negativa e ameaçadora de um cuidador, inevitavelmente, facilidades ou dificuldades de integração das experiências interpessoais do mundo representacional ocorrerão na criança (Patrick, Hobson, Castle, Howard & Maughan, 1994). Desta maneira, independentemente da maneira pela qual esta relação venha a ser formada, estará assegurada a formação dos modelos internos ou representacionais (de trabalho).

Para Byng-Hall (1995), a importância deste aprendizado não se encontra somente na relação entre a criança e a mãe, mas amplia-se, estendendo-se para a família como um todo. Poder contar com a família significa uma expectativa de transferir e receber confiança dentro da rede familiar ou com cuidadores externos apropriados. As crianças, segundo Byng-Hall, precisam perceber que os relacionamentos entre os adultos são suficientemente colaborativos para assegurar que o cuidado estará disponível e acessível em todos os momentos. Uma boa base familiar envolve uma consciência compartilhada de que os relacionamentos de vinculação precisam ser protegidos e nunca destruídos.

A importância do grupo não é somente verificada nos dias de hoje, mas anteriormente e em todas as espécies sociais, já foi observado que o próprio grupo acaba por possuir uma função de proteção e de amparo para os indivíduos que o compõe. Vários estudos a respeito dos predadores e suas presas sugerem que aquelas que se perdem de seu grupo são mais propensas a se tornarem vítimas do predador. Assim, torna-se vantajoso para os indivíduos permanecerem em companhia com outros membros de seu grupo. Além disso, em muitas espécies sociais torna-se aparente que em algumas atividades, tal como a caça, ou por exemplo, o empreendimento corporativo, a probabilidade de sucesso é maior do que naquelas que envolvem somente os esforços individuais (Ainsworth, 1991).

Portanto, quando Bowlby (1993b) refere-se ao sistema de vinculação, define-o como sendo desenvolvido por meio de seleção natural e considera-o universal na natureza humana por estabelecer que:

1. Quando um indivíduo é confiante de que uma figura de vinculação estará disponível sempre que ele desejar, tal pessoa será muito menos propensa ao medo intenso ou crônico do que um indivíduo que, por alguma razão, não obtém tal confiança;
2. A confiança na disponibilidade das figuras de ligação, ou a ausência de tal confiança é construída vagarosamente durante os primeiros anos (infância e adolescência); quaisquer expectativas desenvolvidas durante estes anos tendem a persistir relativamente sem mudança pelo resto da vida, e
3. As várias expectativas da acessibilidade e receptividade das figuras de vinculação desenvolvidas pelos indivíduos durante estes anos iniciais são toleravelmente reflexões acuradas das experiências que estes indivíduos exibem na atualidade.

Desta maneira, conforme mencionado, o desenvolvimento da personalidade ocorre gradualmente durante a vida e assemelha-se a um sistema de estrada de ferro, com uma linha principal ao longo da qual é colocada uma série de estações para uma certa direção, mas logo se bifurca em uma série de rotas distintas, algumas das quais divergem da rota principal e outras tomam um curso convergente (Bowlby, 1993a).

Possuímos, então, um itinerário (relacional) principal a ser seguido, que foi baseado (e edificado) a partir de uma boa ou má vida de relações pregressas. Todavia, certas oportunidades encontradas no caminho oferecem-nos algumas possibilidades de alteração da rota principal, principalmente quando esta foi marcada por solidão e distanciamento humano. Encontros com pessoas seguras, relacionamentos estáveis, experiências de calor humano, todas estas categorias, individualmente ou em conjunto, constituem-se em ocasiões nas quais os modelos internos de trabalho (a "rota" interna pessoal) possam ser revistos e, aproveitando as possíveis bifurcações do trilho (a perspectiva de bons relacionamentos), sejam alteradas as direções inicialmente tomadas. Neste momento, então, temos chance de nos dirigirmos por caminhos menos solitários e vazios, mudando o curso de nosso desenvolvimento. Poderíamos afirmar que seremos, então, em nossa vida adulta o resultado das situações (e por que não dizer interações) com as quais nossa personalidade deparou-se ao longo de toda uma vida.

4.3. Particularidades da relação mãe/bebê e os estilos de vinculação

O resultado de muitas investigações sugere que os primeiros anos deixam uma grande marca nas representações de vinculação que são internalizadas pelas crianças ao longo de suas vidas. De acordo com esta teoria, uma função chave das figuras de ligação é a de fornecer uma *base segura* por meio da qual o bebê poderá explorar confortavelmente o ambiente físico e social, habilitando-o cada vez mais no manejo das situações de perigo e tensão.[2]

Neste sentido, quanto mais propensos e atentos forem estes cuidadores às necessidades infantis (principalmente aquelas relativas à busca de segurança), maiores e melhores serão as percepções que a criança desenvolverá a respeito de sua própria pessoa e a respeito do universo circundante de interações. Alguns dados interessantes apontam para o fato de que quando as mães ignoram os sinais de necessidade de segurança de seus

---

[2] Holmes (1996, p. 207), a este respeito, menciona existir uma substância liberada pelo cérebro por ocasião das condutas de vinculação, afirmando "(...) parece provável que o apego seguro seja mediado por 'entorpecentes do cérebro': os níveis destas substâncias são menores em primatas desapegados do que naqueles seguramente apegados aos cuidadores".

filhos estão, implicitamente, ensinando-lhes a não comunicar suas aflições sempre que estas ocorrerem, isto é, uma vez que os apelos não são, via de regra, ouvidos, os padrões de interação se assentarão sobre bases empobrecidas de comunicação e, é claro, de relacionamentos. Por outro lado, as mães que "entenderam" seus filhos, respondendo de maneira quase imediata a seus sinais, estão ensinando-lhes a comunicar suas carências e necessidades de uma forma clara e direta, pois os mesmos aprendem que serão sempre reconfortados (Feeney & Noller, 1996). Um dado que complementa esta observação foi demonstrado pelas mães de bebês seguros. Estas, segundo Holmes (1996), quando brincam com seus bebês, estão mais atentas e são mais rápidas na procura do entendimento de suas necessidades, acabando por segurá-los muito mais tempo no colo do que foi observado nos pais das crianças inseguramente vinculadas.

Por mais que tais declarações, mesmo que facilmente reconhecidas, sejam indicativas das pequenas variações encontradas no comportamento entre mãe e filho e, talvez, em certos momentos até desprovidas de um significado maior, elas estão, na realidade, silenciosamente delineando as tendências interpessoais que cada criança exibirá ao longo da vida.

A questão da sensibilidade materna pôde então ser avaliada mais concretamente ao se partir de duas características básicas de interação: a primeira constatação fundamental foi uma menor propensão de algumas mães ignorarem naturalmente os "sinais" de seus filhos do que outras; e a segunda, tal "atenção" foi derivada da maior inclinação materna a sustentar o contato visual com os filhos (Feeney & Noller, 1996, p. 109). Dentro deste cenário, certas habilidades de conversação emergiam naturalmente, originando uma atmosfera de abertura, comunicação, franqueza e contribuindo para a ocorrência de um aprendizado natural. Portanto, a garantia de a criança poder expressar suas emoções, associada ao acolhimento imediato por parte do cuidador, faz com que a ligação entre ambos seja uma experiência construtiva, direta e franca, resultante das necessidades emergentes contempladas, na medida do possível, em sua totalidade pelos pais. Assim, um padrão seguro de vinculação é facilmente desenvolvido, derivando-se deste tipo de contato. Não é difícil imaginar que estas crianças, também, desenvolvam uma maior capacidade de atender aos sinais do cuidador sem medo de uma eventual resposta negativa.

Karen (1998), ao citar a Avaliação de Minnesota, afirmou que as mães de crianças seguramente apegadas tiveram, por exemplo, médias quase duas vezes tão altas em relação à sua presença apoiadora quanto à "qualidade de assistência" oferecida às crianças, se consideradas frente aos outros tipos de cuidadores inseguros. *"Estas* (mães) *não diziam simplesmente a seus filhos o que fazer – mas davam a eles a informação necessária para completar a tarefa sozinhos e os ajudavam a ver a conexão entre suas ações e os resultados"* (Karen, 1998, p. 182). É como se durante os episódios de desafios, elas fornecessem apenas a assistência mínima para a realização das atividades, estando presentes apenas a quantidade necessária para manter a criança comprometida. Portanto, o fato destas crianças terem sido mais, sistematicamente, correspondidas fez com que se tornassem mais propensas a se divertirem do que aquelas com outros tipos de vinculações inseguras. Além disto, mostraram-se também menos inclinadas a ser choronas, agressivas ou com acessos de raiva, ou seja, de uma forma geral, demonstraram menos problemas de manejo e de enfrentamento das situações de insegurança pessoal e de ameaça.

Ainda, a respeito deste tipo de vinculação, Karen constatou que os bebês seguros de 18 meses de idade foram muito mais propensos a compartilhar sentimentos positivos com suas mães, do que aqueles que foram inseguramente apegados. Quase todas as crianças seguras sorriam espontaneamente para suas mães durante episódios de brincadeira, enquanto menos da metade das crianças ansiosamente apegadas o faziam. Nas situações de brincadeiras, por exemplo, cerca de metade das crianças seguras sorriam ao mostrar um brinquedo às suas mães, enquanto que, apenas três de dezessete crianças ansiosas o fizeram (Waters, Wippman & Sroufe, 1979).

Como se pode verificar, em quase todos os aspectos observados, as crianças seguramente apegadas tiveram melhores pontuações de atuação geral, exibindo traços que iam do enfrentamento e sociabilidade, passando à boa administração de seus impulsos e desejos e, finalmente, perdendo-se muito menos sob as situações de estresse. Substancialmente foi constatado um maior grau de entusiasmo, mais persistência e mais respeito às instruções como um todo (Karen, 1998).

Parece-nos que o reverso da moeda também demonstrou sua veracidade. O poder e a persistência das histórias negativas (ou inseguras) de vinculação, também, criam um impacto significativo na formação das disposições relacionais de cada criança. Quando o bebê, nos momentos de insegurança, depara-se com figuras pouco responsivas ou pouco atentas às suas necessidades imediatas de apoio, naturalmente exibirá um decréscimo de suas capacidades de enfrentamento e de reflexão frente a estas situações. Assim, uma vez que em seu desenvolvimento poucas foram as situações nas quais houve "alguém" que estivesse disponível às suas necessidades, a evitação mostra-se a melhor estratégia de proteção e sobrevivência, portanto, conclui-se que os pais destas crianças foram aqueles que exibiram uma menor sensibilidade e um maior grau de refração ou indiferença no trato com seus filhos.[3] Os pais das crianças, que exibiram uma reação insegura e ambivalente, tenderam a ser bem menos atentos às necessidades de seus filhos e, muitas vezes, ignoraram-nos quando eles pareciam estar, obviamente, desconfortáveis ou interferiram mais quando estavam brincando alegremente.

---

[3] Van IJzendoorn (1995b), sugerindo outra possível explicação para a ocorrência das condutas de vinculação inseguras por parte dos pais e a subsequente recusa em oferecer um adequado comportamento de apoio a seus filhos, baseia-se na premissa de que as situações de estresse infantil, de alguma forma, servem como um estímulo para memórias desfavoráveis de apego vividos por estes pais. Portanto, é por isso que em algumas situações tornam-se incapazes de atender aos sinais de apego de seus filhos de uma maneira previsível.

Como o sistema de vinculação envolve a promoção de proximidade física e a manutenção do sentimento de segurança frente a situações de vulnerabilidade ou estresse, as crianças inseguras acostumaram-se a não ser amparadas e acolhidas. Consequentemente, o impulso de busca de segurança decresceu até um ponto no qual os sistemas de ligação permaneceram em um limiar tão baixo de ativação que, mesmo na presença da ameaça, a criança não se voltou mais à mãe ou ao cuidador como fonte de esteio. Como estas estratégias sofrem a interferência das respostas maternas às necessidades infantis, vale a pena ressaltar que as mães destas crianças, ao contrário das seguras, são inábeis, indispostas ou incapazes de manter uma distância ou um posicionamento apropriado nos momentos de aflição e de necessidade psicológica. Algumas delas, de tão inconsistentes, chegavam a criar padrões de aproximação inadvertidos, tornando-se verdadeiramente intrometidas, uma vez que esta afiliação excessiva dificultava que a criança desenvolvesse autonomia em sua própria experiência pessoal. Uma outra manifestação negativa dos cuidadores foi a da completa ausência; tais mães não se envolviam com nada do que pudesse estar ocorrendo e tenderam a se afastar de seus filhos quando estes vinham a expressar algum tipo de reação negativa. Como resultado, nenhum dos filhos conseguiu, ao longo das observações, sorrir ou expressar níveis de prazer e relaxamento como os anteriormente observados nas crianças seguramente apegadas.

A resultante destas formas de relação é tão significativa que poderia ser sentida frente a outras categorias de conduta, como por exemplo, nas situações onde o comportamento de alimentação está envolvido. Lieberman (1997) constatou que certos bebês mantiveram com a comida a mesma necessidade frenética que a mãe exibia ao se alimentar. Numa idade muito jovem, estes mesmos bebês foram aprendendo que a fome poderia ser uma experiência tão intensa, prolongada e desconfortável que nunca poderiam ser satisfeitos, mesmo quando a comida estivesse disponível. Sendo os sentimentos que a mãe exibia ao se alimentar, manifestos por intermédio de movimentos tensos e contraídos, associados a uma expressão facial retesada, estas reações acabaram por compor a *experiência de fome* destas crianças, vindo a constituir-se em uma sensação visceral dolorosa exatamente igual àquela aprendida com suas mães. De óbvia conclusão, tais bebês desenvolveram desordens alimentares que compartilhavam muitas das características das disfunções alimentares de seus cuidadores.

Em nossa opinião, a questão central destas declarações não é a reação materna em si, mas, antes, os aprendizados (ou as leituras pessoais) que são desenvolvidas pela criança em termos de prováveis estratégias de enfrentamento. Uma criança insegura (e ambivalente), por exemplo, sempre que necessitar de ajuda enfatizará demasiadamente seus sentimentos de desamparo e, assim, provavelmente obterá o cuidado necessário. Portanto, conforme a criança explora novas situações, haverá uma tendência natural da mesma em estudar o ambiente em busca de possíveis elementos ameaçadores e que justificariam seus pedidos de apoio, auxiliando-a então a conseguir a atenção esperada.

Vale lembrar que tais interferências não se limitam somente a um processo de "modelação" emocional, mas influenciam a maneira pela qual as informações afetivas e cognitivas serão processadas e utilizadas pela criança nas novas situações. Bebês cujos sinais emocionais da busca de ajuda (choro, demonstração de insegurança, medo etc.) foram sistematicamente punidos, rapidamente aprenderam que suas previsões afetivas (emocionais) podem estar equivocadas e que as cognitivas (racionais) podem estar corretas, aprendendo assim a confiar muito mais naquilo que "pensam" do que naquilo que "sentem" a respeito de alguma circunstância, pois sua expressão emocional no passado não obteve eco ou concordância do cuidador. Tais crianças passam então a desconsiderar todo o tipo de informação emocional, priorizando a racionalidade como forma de acesso e contato com o mundo. No caso de crianças com cuidadores mais inconsistentes, isto é, pais que em alguns momentos oferecem apoio e em outros o retiram, aprendem a lição de que seus sentimentos não serão nem reforçados, nem punidos, tornando-se mais incapazes ainda de organizar seu comportamento em torno de sua emoção ou de sua cognição (Crittenden, 1997).

Existem razões para acreditar-se que não só as mães, mas também, os maridos oferecem um forte impacto na qualidade dos vínculos desenvolvidos entre a mãe e a criança. A satisfação do casal, por exemplo, assim como a reação de apoio do pai frente à maneira pela qual a mãe lida com seu filho, têm sido associadas com a qualidade do relacionamento desenvolvido com a criança. Temos, no contato marido/esposa, uma poderosa díade de interferência no vínculo infantil, pois se o pai apoia os esforços cuidadores maternos, ou ele se distancia emocionalmente dela nos momentos de necessidade, ou se até concorda, colaborando com sua injustiça no trato com o filho, tudo isso acaba por contribuir para a formação da personalidade da criança. Até mesmo uma criança que tenha construído modelos internos negativos a partir das experiências com os pais, poderá ter uma ilha de funcionamento seguro como resultado de repetidas experiências com uma terceira pessoa de menor significação, como um dos avós ou uma eventual babá (Karen, 1998).

Desta maneira, percebemos que uma verdadeira esteira de atitudes vai sendo edificada e definindo as perspectivas *possíveis* de relacionamento com o mundo. Neste sentido, conforme tais tendências são determinadas, tornam-se ao mesmo tempo limitadas, pois foram construídas pelo contato com os cuidadores e das experiências de vinculação que foram desenvolvidas. Sendo assim, tudo aquilo que, para as crianças, foi permitido e introjetado, torna-se uma decorrência das repetições de respostas maternas junto às sucessivas necessidades satisfeitas (ou não). Portanto, caminhamos sobre os andaimes de nossa experiência prévia "possível", mas talvez, nem sempre "suficiente" (Mahoney, 1992).

Quando chegamos à pré-adolescência, as habilidades relacionais adquiridas anteriormente tendem, muito provavelmente, a manterem-se inalteradas. Aquelas crianças que foram seguramente apegadas na infância, inclinar-se-ão a continuar nesta nova fase a exibir os mesmos padrões, princípio válido também para as crianças inseguramente apegadas.

Alguns dados apontam que as crianças avaliadas com histórias de vínculo seguro obtiveram pontuações mais altas em áreas de plasticidade do ego, autoestima, independência, habilidade de divertir-se e responder positivamente às outras crianças quando comparadas às inseguras. Inclusive foram vistas como tendo habilidades sociais superiores às das outras, iniciando mais interações com outras crianças, apoiando-as por períodos mais longos e tendo maior empatia por aqueles em situações de estresse, além de possuir mais quantidade de amigos e as mais altas posições em popularidade (Karen, 1998).

Os pré-escolares inseguros *ambivalentes* demonstraram ser muito mais voltados às suas próprias necessidades do que às dos outros, o que os impedia de ter uma maior amplitude de sentimentos em relação a seus colegas. Alguns deles, por participarem mais sistematicamente de encontros agressivos, tornavam-se alvos mais fáceis de brigas. Sendo a ambivalência uma marca registrada, o comportamento inesperado contribuía para que as outras crianças ficassem mais facilmente contra elas, exatamente por não entendê-las. Outras variantes deste tipo de conduta foram aquelas nas quais a criança esboçava estilos contrariados de ser, hipersensibilidade e baixas demonstrações de iniciativa própria, desistindo facilmente de suas atividades.

Os *evitativos* também pareciam, em algumas ocasiões, ter prazer com a infelicidade de outras crianças, mantendo-se distantes e às vezes vindo até mesmo a debochar de suas reações (chamando os outros de "fracos", "chorões" etc.). Em função disto, foram amplamente mais hostilizados, especialmente por parte daquelas crianças seguras que as percebiam como egoístas (Sroufe, 1992, citado por Karen, 1998).

4.4. Conclusão

No presente capítulo foram discutidas algumas das particularidades emergentes na relação de vinculação estabelecida entre os cuidadores e seus filhos. Tal relação não é somente estabelecida na primeira infância, mas ao longo dos anos, seja contemplando uma forma mais confortável e segura de aproximação ou chegando a uma forma mais distante e refratária de contato e acolhimento materno. Muitas das questões levantadas incluíam os pais e suas caraterísticas peculiares de relacionamento, sendo importante ressaltar que aquilo que foi oferecido por estes cuidadores no trato com seus filhos, pôde também, ser entendido como alguma forma de repetição do que foi por eles recebido quando crianças.

Em certos momentos, ao nos aprofundarmos um pouco nas premissas da teoria da vinculação é como se nos sentíssemos atraídos a antever o futuro de cada criança com base nas relações construídas no trato com os progenitores, e aí (como seria de se esperar) cometemos um equívoco ao pressupor que os padrões *seguros* serão os melhores "sempre". Evidentemente, este posicionamento seria verdadeiro se não fosse ao mesmo tempo ingênuo. Inconscientemente, acabamos por assumir sobre todos os outros demais padrões de ligação, a hegemonia do padrão *seguro*-feliz. Seguindo esta linha de raciocínio, Crittenden (1997) formula uma interessante questão: "*sendo o Tipo B* (de vinculação – o "seguro") *tão bom, por que a evolução não desenvolveu-o adaptativamente em nossos cérebros?*"(p. 48).

Como a maioria dos bebês, em circunstâncias normais, apresentam apegos seguros, e porque os apegos inseguros estão associados a um risco, um tanto maior, de psicopatologia futura, há uma tendência natural de supor que apenas o apego seguro seja o padrão 'normal' – o que é fundamentalmente mais adaptativo em um ponto-de-vista biológico. As mães e seus bebês, em certo sentido, são "programados" pela evolução para formar uma gama de relacionamentos possíveis, que variam de acordo com as circunstâncias. É assim que a seleção natural prepara os indivíduos, ou seja, quanto maior a variedade possível de estilos potenciais, melhor será, em vez de adotar apenas um estilo relacional.

Ao aceitarmos a pressuposição de ser a evolução capaz de articular uma lógica natural (que nos garante a autonomia e a sobrevivência), o uso de uma estratégia segura de vinculação será sempre marcada por uma comunicação aberta e direta, dotada de intenções e de sentimentos honestos. Assim, se considerado sob circunstâncias perigosas, a postura de abertura e franqueza poderia vir a ser uma grande desvantagem na autossobrevivência, pois nos colocaria em uma situação de maior vulnerabilidade.

Portanto, as modalidades inseguras, longe de serem negativas, talvez sejam as mais indicadas no trato de certas circunstâncias ameaçadoras, pois se constituem, predominantemente, de um maior grau de habilidades e repertórios de enfrentamento, se comparados àqueles indivíduos seguramente apegados.

Desta maneira, o que seria considerado adaptativo para cada um é um estilo particular mais sintonizado com a historia de cada ambiente, ou seja, cada um "sabe" as estratégias de como proceder, para manter-se vivo. Sobreviver, portanto, é uma tendência expressa por meio de uma sucessiva maneira de comportar-se que, com o passar do tempo, transforma-se em modelo de interação, emergindo de cada família, partindo de cada criança, dentro de certas circunstâncias possíveis (viáveis e factíveis), dentro de um determinado tempo.[4]

Portanto, *"o vínculo não diz respeito à felicidade"*, conforme afirma Crittenden (1997, p. 86), *"mas, ao contrário, ele diz respeito às diferenças dos indivíduos em lidar com a realidade que contém tanto a segurança quanto a ameaça, tanto o prazer quanto a tristeza"*. Então, torna-se função de cada um, ao longo de seu próprio amadurecimento, ao longo de sua vida, aumentar a extensão e a permeabilidade de adaptação de cada modelo a cada ambiente. Para finalizar, diríamos que cada um dos padrões tem um valor adaptativo sob determinadas circunstâncias, da mesma forma que este mesmo padrão pode se revelar um risco sob outras situações – este será o tema do próximo capítulo.

---

[4] Para se analisar, então, um determinado estilo de vinculação sob outras óticas interessantes que possam ir mais além daquelas já mencionadas (por exemplo, aspectos culturais), sugerimos uma a leitura de Mayseless & Scher (1996), onde são relatados certos estudos de vinculação que foram conduzidos em Israel. Foi examinado um grupo de bebês vivendo no kibbutz, e verificado uma grande incidência dos vínculos inseguros-ambivalentes, quando comparada à outras amostras. "A iminência de perigo à vida, junto com intensos sentimentos de insegurança e estresse associados, e os fortes valores comunitários, provavelmente promovem proteção cuidadosa e monitoramento da geração jovem. Entretanto, isto também resulta em estresse e tensão por parte das mães. Logo esperamos que as mães de bebês ansiosos/ambivalentes, em Israel, expressem atitudes conflitantes e comportamento inconsistente" (p. 3).

- Capítulo 5 -
Psicopatologia do Desenvolvimento e Vinculação

(...) Crianças e adolescentes, mesmo os de mais posse, são raramente capazes de agir como agentes independentes para adquirir ajuda para a angústia emocional. Além disso, muitos pais não procuram ajuda para seus filhos, mesmo quando eles têm consciência de que seus filhos estão perturbados emocionalmente. (...) Assim, ao se trabalhar com filhos e pais psiquiatricamente perturbados, a intervenção deve visar reduzir comportamentos negativos, tal como disciplina rígida ou inconsistente, enquanto se promovem comportamentos positivos, tal como a expressão de carinho e afeição.

LUTHAR & CICCHETTI

5.1. Introdução

A importância dos primeiros escritos de Bowlby sobre a privação materna enfatiza o fato de que, as experiências das crianças com os relacionamentos interpessoais são cruciais para o desenvolvimento psicológico humano. O aspecto mais básico dessa concepção, segundo Rutter (1995), é que uma parte importante na criação dos filhos é o fornecimento de vivências interpessoais que incluam experiências, disciplina e cuidados sobre os quais a estrutura psicológica é futuramente assentada. Nesse sentido, a trilogia de Bowlby diferenciou as qualidades do apego nos relacionamentos de outros tipos de aspectos relacionais. Segundo, o desenvolvimento dos apegos foi colocado no contexto de processos normais do desenvolvimento, enfatizando-se o papel da vinculação na promoção da segurança e, portanto, no incentivo à independência. Terceiro, o desenvolvimento dos apegos foi firmemente colocado em uma estrutura biológica na qual o desenvolvimento humano é entendido como resultante de aspectos sociais, ou seja, as pessoas são "seres sociais" e não somente sociáveis. Quarto, a existência de um mecanismo mental no qual certos modelos internos de relacionamentos oferecem uma matriz relacional em que as primeiras experiências de ligação criam uma referência de transposição sobre a qual os relacionamentos futuros são assentados. E quinto, objeto de nossa presente discussão, foi o fato de que Bowlby sugeriu alguns modos pelos quais a insegurança dos primeiros apegos podem ter um papel na gênese da futura psicopatologia – o presente capítulo se ocupará do aprofundamento e da discussão de tais implicações.

5.2. A experiência inicial

Segundo Sroufe, Carlson, Levy & Egeland Byron (1999), a teoria do apego ou da vinculação é uma teoria de desenvolvimento estrutural, na qual os acontecimentos subsequentes são concebidos como uma construção derivada dos eventos precedentes. Todavia, essa experiência inicial de relações não é compreendida somente por meio da marca indelével e imutável, na qual as experiências posteriores são ali caprichosa e silenciosamente moldadas, mas antes, uma importante referência sobre quais transações posteriores da criança se assentam nas trocas com o ambiente. Dessa maneira, a criança não somente interpreta a experiência, mas cria uma nova forma de entendimento. A primazia dos primeiros relacionamentos representam então, protótipos para os relacionamentos que se seguirão por toda uma vida, particularmente àqueles que abarcam as mais variadas formas de intimidade e afeto. Embora tal concepção de funcionamento seja entendida por alguns autores como simplista, ela é uma ideia clara que discute, segundo a teoria da vinculação, certos princípios fundamentais do funcionamento humano.

Portanto, podemos afirmar que as crianças *entenderão* as novas situações a partir de certas pré-concepções e viéses interpretativos extraídos de suas expectativas pregressas do comportamento em relação aos outros. Ou seja, somente podemos imaginar o futuro na exata medida em que nos recordamos do passado. Ninguém pode imaginar receber algo no futuro que não consegue (localizar e) recordar em sua história de vida no passado (Mahoney, no prelo) e, dessa maneira, a vida transcorre. Tal premissa é válida tanto para as boas como para as más vivências.

Em geral, os padrões individuais acima descritos, uma vez que são entendidos como sendo responsáveis pela manutenção e equilíbrio psicológicos, criarão sempre alguma forma de autoperpetuação, pois a criança, ao agir perante o meio, inevitavelmente evocará reações complementares do ambiente (fazendo com que ocorra a gradual consolidação de um determinado estilo relacional).

As boas experiências dispensariam minuciosa explicação, mas as más são aqui de nosso interesse para um maior escrutínio. Por exemplo, ao se considerar as más expectativas que as crianças carregam em suas *antecipações* (viéses representacionais), ao afastar os outros (mesmo se for para, de certa forma, evitar a decepção), frequentemente acabam contribuindo para o aparecimento de atitudes semelhantes.

A rigor, os indivíduos tendem a se comportar de maneira a evocar respostas complementares do ambiente (que por sua vez sustentam a adaptação anterior) e acabam por fazer escolhas que envolvem seletivamente aspectos do meio que sustentam o viés interpretativo (ou, no caso, relacional). Dessa forma é que um círculo vicioso vai sendo instaurado, pois os indivíduos passarão a compreender as situações novas de maneira consistente com esse modelo relacional prévio (no caso, o negativo). Lembremo-nos que as crianças (à semelhança dos adultos), em parte, criam seus próprios ambientes (e por que não dizer, seus mundos).

Crianças com histórias de apego inseguro, somente para citar um exemplo, não apenas esperam a rejeição dos outros (rejeitando-os antecipadamente), mas são realmente rejeitadas por eles por agirem de maneira não muito amistosa, pois são naturalmente mais refratários. Dessa maneira, os reiterados ciclos de reforço positivo gerados pela mal-adaptação de um comportamento tornam-se uma profecia autorrealizadora ou mesmo àquela rejeição que tanto a criança evitava.

Quando um processo que deixa os indivíduos vulneráveis ao estresse é criado, as chances do desenvolvimento de uma patologia crescem vertiginosamente. Vale ressaltar ainda que, embora essas mesmas condições não sejam interpretadas como uma psicopatologia em si, muitas vezes criam (por meio da repetição de tais experiências) as fundações que, de fato, podem conduzir a quadros de psicopatologia futura.

Segundo Masten & Curtis (2000), quando fracassam em um ou mais domínios de tarefas importantes para sua idade, as crianças apresentarão, provavelmente, uma taxa básica mais alta de transtornos do que um grupo de crianças bem sucedidas ("competentes") em várias áreas (escolar, social, familiar etc.). Cassidy & Berlin (1994) citam, em outra pesquisa, uma revisão dos estudos que reportam dados sobre indivíduos inseguros. Neles revelou-se que esse padrão, muitas vezes, pode ser resultante de (a) um envolvimento maternal relativamente baixo ou inconsistente, no qual a interferência materna na exploração da criança acaba por criar uma vulnerabilidade biológica e (b) levar a criança a um aumento de atenção à mãe e consequente diminuição da competência exploratória.

Assim, mesmo parecendo estar "atuando" dentro de uma faixa de variação normal de funcionamento mental, afirmam Masten & Curtis, essas crianças estarão, ainda assim, falhando nas tarefas importantes do desenvolvimento, talvez devido à falta de flexibilidade emocional e gerando, assim, déficits sociais. Tais limitações serão percebidas por meio do decréscimo de oportunidades (pela manifestação acentuada de um estilo introvertido), do aumento de discriminação pessoal (passam a ser classificadas como crianças "difíceis") e da manifestação de barreiras de linguagem (narrativas incompletas, gagueira etc.). Ou seja, em termos da teoria do apego, embora os grupos de distintas modalidades de conexão difiram em quantidade de exploração, eles realmente contrastam mais, no caso, na *qualidade* da exploração – com as crianças pequenas inseguras demonstrando exploração significativamente mais restrita do que aquelas seguramente vinculadas (Cassidy & Berlin, 1994).

A ideia aqui exposta não sugere a existência de uma regra determinista na qual as crianças seriam mais desafortunadas se vivessem um apego inseguro, pois nenhum dos fatores negativos seriam em si os únicos determinantes na qualificação de um transtorno psiquiátrico. Embora predominem na maioria das amostras da população geral, os apegos seguros estão longe de serem universais. Nas amostras americanas, por exemplo, sua média atinge 60%, ou seja, não seria muito razoável considerar que os 40% dos bebês restantes apresentariam um desenvolvimento biologicamente "anormal" (Rutter, 1995).

As descobertas nessa área endossam mais aproximadamente a afirmação de que os bebês não são nem invulnerabilizados pelos apegos seguros nem condenados pelos apegos inseguros à psicopatologia posterior. Os apegos inseguros precisam ser, de alguma forma, complementados por experiências reforçadoras (Fagot & Kavanagh, 1990). Nesse momento começa a se notar que a competência pessoal e a psicopatologia apresentam fortes conexões.

Jensen e Hoagwood (1997, citado em Masten & Curtis, 2000) sugeriram uma nova forma de conceber a gênese do transtorno psiquiátrico. Ele será sempre percebido: (a) naquelas pessoas em que se detecta (desde cedo) o aparecimento de um "equipamento adaptativo" defeituoso (definição clássica adotada pela psiquiatria biológica), (b) naquelas pessoas em que os sistemas adaptativos operam normalmente dentro do organismo, mas há uma "desconexão" entre organismo e o ambiente tóxico e (c) naquelas situações em que os indivíduos apresentam uma combinação de vulnerabilidade *versus* experiência, uma má sincronia do organismo às exigências de adaptação ao ambiente.

Nesse sentido, excetuando-se aquelas pessoas descritas pelo item "a" (portadoras do "equipamento defeituoso"), entende-se que as experiências associadas ao processo de apego ou vinculação oferecem uma contribuição significativa ao entendimento e à formação desses quadros de vulnerabilidade psicológica. Dentro da teoria, a psicopatologia é vista então, como uma *construção do desenvolvimento*, resultando em um processo contínuo de transações à medida que a "pessoa em desenvolvimento" interage sucessiva e continuadamente (desadaptativamente) com o ambiente. Ou seja, temos uma via de mão dupla onde o indivíduo transforma o ambiente, mas também é transformado por ele.

Dentro dessa proposta, as variações do apego inicial não serão vistas como patologia, mas os padrões variantes de apego é que representarão as "condições mais férteis" em termos de seu papel dinâmico no desenvolvimento psicopatológico, devido ao modo pelo qual o envolvimento ambiental é estruturado e considerando-se as tendências relacionais estabelecidas. Além disso, os padrões de relação entre bebê e cuidador passam a ter um papel especial no processo de desenvolvimento pelo seu impacto sobre a regulação neurofisiológica e afetiva. Sabe-se agora que os contextos sociais exercem efeitos não só nos processos psicológicos, mas também, nos processos e nas estruturas biológicas (Cicchetti & Aber, 1998).

5.3. Relacionamentos iniciais: da predisposição à psicopatologia

A experiência inicial pode ser de importância especial para os humanos porque os primeiros modelos de trabalho do cuidador e de si mesmo são pré-verbais e, em última análise, por serem protegidos por um *feedback* ambiental que é o relacionamento com os pais (Sroufe, Egeland & Kreutzer, 1990).

Assim, independentemente dos efeitos provenientes das relações insatisfatórias de apego, sejam eles neurofisiológicos, sociais, parciais ou determinantes, as relações de vinculação em si, muitas vezes, preconizam efeitos futuros negativos. É evidente, como afirmávamos a pouco, que um estilo inseguro não é em si mesmo uma condenação definitiva, mas ousaríamos afirmar que é, por meio dessas relações que a pedra fundamental é posicionada, dispondo assim os elementos necessários para a edificação de uma construção pendular futura. Várias são as contribuições a esse respeito. Por exemplo, George (1996) sugere que as mães de crianças inseguras (no caso, as evitativas) desativaram o sistema de cuidados rejeitando ativamente a inclusão de avaliações positivas de si mesmas e de seus filhos. Tais mães enfatizavam "o negativo", retratando a si mesmas e a seus filhos como relutantes e indignos de participar no relacionamento (DeKlyen, 1996). As mães descreveram-se como cuidadoras indesejáveis (como sendo, por exemplo, severas, exigentes, duras e impacientes) e desconfortáveis do papel materno. De forma semelhante, as crianças filhas dessas mães foram retratadas pelas mesmas como indesejáveis (como por exemplo, chatas, intratáveis ou mesmo um "fardo") e "relutantes em responder aos cuidados da mãe". Tais cuidadores, segundo Sroufe, Carlson, Levy & Egeland Byron (1999), sentindo-se impotentes e sem controle, descreveram-se como carentes de recursos necessários e/ou eficazes para lidar com suas crianças, muitas vezes, inclusive, relatando a ocorrência de histeria, depressão e severos castigos "corretivos".[1]

Não fica difícil de se compreender, portanto, como essa topografia psicológica passa a ser nivelada. Para a criança insegura evitativa, as experiências iniciais sustentam a visão de si mesma como estando isolada, incapaz de conseguir proximidade emocional e indigna de carinho. Os relacionamentos sociais podem ser vistos como estranhos e permeados de hostilidade. Com estresse elevado, a criança pode não conseguir buscar o conforto dos outros, perpetuando uma visão de relacionamentos como estranhos ou hostis.

---

[1] Há fortes evidências de que as crianças expostas à criação rígida ou abusiva correm risco de ter inúmeros resultados negativos no desenvolvimento, inclusive delinquência, psicopatologia, fracasso escolar, dificuldades com pessoas da mesma idade e abuso de substâncias. Esses achados instigaram pesquisas interessadas em identificar as causas de tais práticas na criação dos filhos. Com base nos resultados de uma série de estudos, alguns pesquisadores concluíram que o determinante mais significativo de criação abusiva de crianças é ter experienciado castigos duros enquanto criança (Simons, Whitbeck, Conger & Chyi-In, 1991).

Ainda, nesses casos, as emoções que teriam facilitado a comunicação e a troca afetiva passam a ser defensivamente modificadas ou eliminadas. Como resultado, quando sente angústia, a criança pode não conseguir sinalizar diretamente a necessidade de apoio, ficando enredada nas emoções negativas e tornando-se incapaz de participar de relacionamentos sociais potencialmente apoiadores.

Para indivíduos com histórias de cuidados extremamente rígidos ou especialmente caóticos, um apego desorganizado na primeira infância, seguido por trauma subsequente, é a combinação mais potente para prever uma dissociação no início da idade adulta (Sroufe, Carlson, Levy & Egeland Byron, 1999). Imagina-se que a dissociação representa uma falha no processo de informação mediante um trauma. Quantidades excepcionalmente grandes de hormônios e neurotransmissores de estresse podem ser liberados durante o trauma, o que causa altos níveis de ativação do sistema nervoso simpático. Isso pode levar o cérebro a entrar em um estado bioquímico muito diferente daquele quando experiências comuns são armazenadas na memória.

A dissociação em crianças é manifestada por rupturas em três domínios: memória, percepção e identidade. Em primeiro lugar, as rupturas na memória podem incluir a falta de registros na memória de traumas que, sabidamente aconteceram, memória que deve ser desencadeada em outras situações reminescentes do trauma. Em segundo lugar, as rupturas na percepção podem incluir confusão entre a fantasia e a realidade, o que talvez possa ser uma imaturidade transportada ao desenvolvimento posterior. E, em terceiro lugar, as rupturas na identidade podem incluir a demonstração de atributos e habilidades variados e inconsistentes.

Em outro exemplo, crianças maltratadas na primeira infância falam menos sobre suas necessidades fisiológicas e expressam menos sentimento negativo do que aquelas que não foram maltratadas. Dados sugerem que as crianças maltratadas são mais propensas a ter padrões desorganizados de apego em relação a seus responsáveis durante a infância com um autodesenvolvimento desadaptativo (Macfie, Cicchetti & Toth, 2001).

Portanto, é dessa maneira que uma forte predisposição vai sendo gradual e progressivamente moldada, ao transformar certos aspectos de afiliação em elementos potencialmente negativos na vida emocional infantil. Assim temos, por um lado, nos quadros de limitação emocional, um ambiente pendendo para uma dada condição, ao passo que, por outro lado, as experiências convergindo para outro. Ou seja, a *construção* desses quadros torna-se resultante, conforme descrevemos anteriormente, de um processo contínuo e recorrente de fusão e mescla ambiental às características psicológicas individuais.

5.4. Vulnerabilidades dos cuidadores no desenvolvimento das relações de apego: uma interação

Até o presente momento descrevemos algumas das situações que predispõem o desenvolvimento desorganizado da estrutura psicológica da criança. Vários estudos, aliás, vão mais além, ao comprovar a forte correlação existente entre cuidados maternos negativos e doença mental futura (Hipwell, Goossens, Melhuish & Kumar 2000). Por exemplo, oitenta e dois pares de mães e filhos, consistindo em mulheres com transtornos psiquiátricos e mulheres do grupo controle individualmente combinados, foram acompanhados durante o primeiro ano de vida das crianças. As mães com doença mental constituíam dois subgrupos: (a) o de 25 mães com doenças mentais graves que haviam sido internadas em uma unidade psiquiátrica com seus filhos e (b) o de 16 mães pertencentes a uma amostra de pesquisa em uma comunidade, com critério diagnóstico de depressão não psicótica e unipolar. Ainda, que poucos aspectos residuais de doença mental materna tenham sido detectados um ano depois do parto, foram identificados transtornos na interação entre os pares do grupo de casos. Encontrou-se uma forte associação entre a qualidade do apego (entre mãe e filho) e o diagnóstico materno: um episódio maníaco da doença no período pós-parto foi relacionado à segurança no relacionamento de apego, e a depressão psicótica (ou não psicótica) foi relacionada à insegurança.

Os resultados sugeriram que a grave doença mental pós--parto continuou a ser percebida na capacidade da mãe de interagir com seu filho após 12 meses. Assim, comparadas às mães do grupo controle, observou-se que as mães do grupo de transtornos psiquiátricos são menos sensíveis, mais negativas e sentem-se menos à vontade na interação com seus filhos (Hipwell, Goossens, Melhuish & Kumar 2000).

Outras pesquisas apresentam dados relativos à depressão pós-parto em mães diagnosticadas como deprimidas. Ao se fazer uma comparação com os pais não deprimidos, descobriu-se que os pais deprimidos demonstram reação e envolvimento diminuídos, déficits nas habilidades paternais, expressão de afeto mais negativa, engajamento menos positivo e cuidado maternal menos sensível (Poehlman & Fiese, 2001).

Outras pesquisas mostraram que filhos de cuidadores depressivos têm maior risco de mal-adaptação no desenvolvimento e dificuldades emocionais. Mais especificamente, filhos de mães depressivas provaram apresentar porcentagens mais altas de apego inseguro e maior frequência de dificuldades comportamentais do que filhos de mães normais. Devido à descoberta de que as crianças não são afetadas somente pela interação com outras pessoas, mas, também, pelo que elas observam, a exposição a uma interação negativa com os pais, pode constituir um grande risco para o desenvolvimento de mal-adaptação por parte da criança (Ciccheti, Rogosh & Toth, 1998).

Além disso, outra pesquisa indica que pessoas depressivas tendem a se casar com parceiros que, também, sofrem de dificuldades psicológicas, e como a depressão em um dos cônjuges, provavelmente, causa estresse no companheiro, as crianças com pai ou mãe depressivos correm alto risco de receber poucos cuidados de ambos os pais. Relatou-se que uma porcentagem maior de filhos de mulheres depressivas são apegados de forma insegura às suas mães que os filhos de mães que não apresentam distúrbio psiquiátrico. Mais especificamente, 43,5% dos filhos de mulheres depressivas foram classificados como apegados de forma insegura, se comparados a apenas 18,2% das crianças do grupo de controle (Ciccheti, Rogosh & Toth, 1998).

Assim, bebês de mães com depressão pós-parto, na comparação com um grupo controle, obtiveram um desempenho mais fraco em tarefas que incluíam a conceitualização de objetos, demonstrando mais dificuldades de comportamento. A depressão pós-parto não afetou o desenvolvimento cognitivo e linguístico em geral, mas deu a impressão de tornar os bebês de classe social mais baixa e do sexo masculino mais vulneráveis a efeitos adversos, pois os apegos inseguros foram uma das marcas mais proeminentes. Os episódios de depressão que surgem nos meses pós-parto evidenciam a gama completa de aspectos clínicos, sendo mais presentes a irritabilidade, ansiedade, pouca concentração e um temperamento depressivo (Murray, 1992).

Outro autor estabeleceu a associação entre a depressão materna e o resultado adverso em crianças desde a idade escolar (estendendo-se até a adolescência), incluindo distúrbios comportamentais, problemas com a saúde física e sintomas depressivos. Houve, também, indicações de um aumento nas dificuldades aos distúrbios do sono e, na idade de 3 anos, também, na área de problemas alimentares com acessos de raiva recorrentes (Murray, 1992).

Outro estudo procurou utilizar os fatores de risco de apego infantil e dos sintomas depressivos maternais. Dentro dessa amostra de alto risco, sugeriu-se que tanto crianças inseguras evitativas quanto crianças inseguras desorganizadas exibem maiores problemas relacionais aos 9 anos de idade e que, crianças com apegos inseguros desorganizados ou evitativos apresentam maiores problemas relacionais 8 anos mais tarde. Portanto, o efeito nocivo dos apegos evitativo e inseguro desorganizado na infância foi manifestado, na época em que a criança tinha 4 anos, e depois mantido ao longo dos anos iniciais do ensino básico (Munson, McMahon & Spieker, 2001).

Filhos de mães com depressão, também, têm exibido assimetrias no EEG do lobo frontal, o que sugere uma propensão emergente para uma maior afetividade negativa. Além disso, a exposição a um trauma grave pode afetar a estrutura cerebral, como foi comprovado pelo aumento de volume do hipocampo em pacientes com transtorno de estresse pós-traumático e adultos que relataram abuso sexual na infância (Toth & Cicchetti, 1998).

5.5. Transtornos do apego e o DSM-IV

O DSM-IV (Associação Psiquiátrica Americana, 1994) como a CID-10 (Organização Mundial da Saúde, 1992) incluem os transtornos do apego na infância em seus sistemas de classificação. As evidências sistemáticas coletadas a respeito desses transtornos são, ainda, razoavelmente limitadas, embora duas formas principais assumam as principais características. Na primeira possibilidade, há uma variedade de situações que tendem a ser associadas ao abuso ou negligência dos pais, ou seja, uma combinação de respostas sociais fortemente contraditórias e/ou ambivalentes que são mais evidentes nos momentos de separação e reunião; ou nos momentos de perturbação emocional, bem evidenciados pela refração emocional ou pela agressão. Na segunda possibilidade, há um padrão mais comumente associado ao fato da criança vir a crescer em instituições. Apesar de seus comportamentos serem indiscriminadamente amigáveis (sempre buscando atenção), normalmente elas apresentam dificuldades para formar relacionamentos de alta confiança com outras crianças. Além desses dois transtornos, os pesquisadores vêm buscando aplicar os conceitos de apego a problemas de conduta, padrões de afastamento social e transtornos de personalidade *borderline* (Rutter, 1995). Todavia, são ainda necessárias mais pesquisas para mostrar até que ponto os conceitos de apego são úteis para se obter um melhor entendimento dos mecanismos envolvidos na gênese desses transtornos.

Finalmente, conclui Rutter (1995) ao citar que é necessário considerar as implicações para os transtornos psicopatológicos, nos quais estão presentes os chamados "transtornos de apego reativo", que exigem três precauções. Primeiro, é que o DSM-IV escolheu especificar o cuidado infantil patogênico como um dos critérios diagnósticos, apesar de ainda não haver evidências disponíveis para decidir se o mesmo padrão de comportamento pode ser encontrado na ausência de negligência ou de abuso flagrante. Um outro aspecto é que tal síndrome inclui uma série de aspectos psicopatológicos que parecem se estender para fora dos limites de uma anormalidade no apego seletivo. E, finalmente, é preciso ser muito cauteloso na avaliação das qualidades do apego em crianças com passados incomuns e/ou transtornos psicopatológicos ou físicos.

Dessa maneira, sem se considerar as evidentes anormalidades que muitas vezes são encontradas nos primeiros apegos com os pais e seu possível papel na etiologia de quadros de proeminente desadaptação, o apego entre a criança e o cuidador, talvez não seja o aspecto central do desequilíbrio, pois, ainda, há muito a aprender a respeito das outras ligações estabelecidas entre pais e filhos, isso sem falar nos relacionamentos entre as crianças, nos relacionamentos entre irmãos e nas outras séries de relacionamentos que tomam lugar na vida adulta. Os conceitos de apego são claramente úteis ao se considerar as perturbações nos relacionamentos, mas é importante que não sejamos indevidamente inclinados a pensar apenas em termos das dinâmicas de apego e suas resultantes.

5.6. Resiliência: para além dos paradigmas de apego

A capacidade de recuperação é um processo dinâmico no qual os indivíduos demonstram uma adaptação positiva apesar de experiências, significativamente, adversas ou traumas encontrados na vida. Assim, a "capacidade" de recuperação pode ser compreendida por meio de um constructo que contempla duas dimensões ligadas à exposição: (1) à adversidade e a manifestação de resultados associados e (2) ao ajuste positivo.

A (1) adversidade, também chamada de risco, tipicamente inclui circunstâncias de vida negativas que são consideradas como estatisticamente associadas às dificuldades de ajuste. A exposição crônica à violência comunitária, por exemplo, constitui um alto risco, uma vez que a criança que experimenta esta condição demonstra um desajuste significativamente maior do que aquelas que não experimentaram tal exposição.

A (2) adaptação positiva, o segundo constructo, é geralmente definida em termos de competência social comportamentalmente manifestada ou o sucesso em executar tarefas comportamentais pertinentes ao estágio. Entre crianças pequenas, a competência pode ser operacionalmente definida em termos do desenvolvimento de um apego seguro com os responsáveis principais, e, em crianças mais velhas, índices apropriados incluem aspectos de atuação escolar, tais como uma boa performance acadêmica e relacionamentos positivos com os colegas de classe e os professores.

Segundo Luthar & Cicchetti (2000), a alta competência social não é, no entanto, o único índice que poderia ser utilizado para definir uma adaptação bem-sucedida na pesquisa sobre a capacidade de recuperação, ou resiliência, pois a mera ausência de um desajuste emocional ou comportamental já seria um indicativo suficiente de ajuste.

Dizíamos a pouco que um dos fatores mais importantes nos estudos de formação dos quadros de psicopatologia, era a prudência em não universalizar os paradigmas de apego como responsáveis exclusivos dos quadros de desequilíbrio psicológico. Pois bem, Luthar & Cicchetti (2000) afirmam a esse respeito que os fatores de vulnerabilidade e proteção podem derivar de níveis múltiplos, além dos padrões de vinculação, podendo advir desde os níveis comunitários, passando por outras dinâmicas familiares, podendo até chegar ao nível individual. As influências do nível comunitário incluiriam, por exemplo, a exposição à violência na vizinhança (vulnerabilidade) e relacionamentos de apoio com adultos na escola. Nos níveis familiares, exemplos relevantes incluiriam cuidados emocionalmente responsivos ou uma disciplina paterna rígida ou inconsistente, como descritos por DeVito & Hopkins (2001). Nos resultados de uma análise onde combinação de um padrão coercivo de apego, de insatisfação matrimonial e de práticas permissivas de criação dos filhos contribuíram, segundo os autores, para uma proporção significativa da variação no comportamento disruptivo em crianças em idade pré-escolar. Em outras palavras, com cônjuges que se sentem de forma negativa em relação um ao outro, tal sentimento se transfere para o relacionamento entre pais e filhos, promovendo a negatividade e a desobediência por parte das crianças. Ou seja, crianças em tais ambientes estressantes encontram, relativamente, poucas experiências em sua vida cotidiana que possam formar um senso positivo de bem-estar e de resiliência.

Ainda, falando de influências familiares, um outro estudo menciona que, crianças que testemunham relações conjugais destrutivas ficam sensibilizadas, não dessensibilizadas. Assim, o conflito e a desarmonia conjugal foi um preditor do aumento da reatividade emocional negativa ao conflito. Ao ressaltar a ameaça em potencializar seus recursos físicos e psicológicos, a sensibilização emocional pode preparar as crianças para rapidamente lidar com o possível estresse e, assim, poder ajudar na preservação da segurança emocional. Ou seja, a exposição ao funcionamento conjugal caracterizado por altos níveis de hostilidade, aumento do conflito, falta de acordo sobre como criar os filhos e baixos níveis de compromisso e intimidade após o conflito foi preditora de maior insegurança, como evidenciado pela reatividade emocional e representações internas hostis das relações entre os pais (Davies & Cummings, 1998). Entretanto, apesar da possível função adaptativa da reatividade emocional no curto prazo, as dificuldades para regular a vigilância intensa e a angústia que a acompanham refletem a insegurança subjacente que coloca as crianças em risco de perturbações em domínios difusos do funcionamento psicológico, diminuindo assim sua capacidade de resiliência.

Outro estudo preocupou-se em testar diversas hipóteses referentes à maneira pela qual a criação rígida é transmitida de geração a geração. Foram identificadas quatro vias de transmissão. Primeiro, as pessoas expostas a altos índices de disciplina agressiva podem desenvolver uma filosofia de criação de filhos que favorece a disciplina física rígida como uma abordagem para criar os filhos. Segundo, a criação rígida pode promover personalidades hostis que levam a comportamento agressivo em relação aos outros, inclusive os próprios filhos da pessoa. Terceiro, em vez de promover as crenças sobre a criação de filhos que favoreçam a disciplina física ou criam um estilo interpessoal agressivo, a criação rígida poderia resultar na pessoa aprendendo um conjunto de comportamentos disciplinares agressivos que são utilizados de uma maneira reflexa e um tanto impensada. Finalmente, vários estudos relataram que a disciplina física e os maus tratos infantis são mais comuns nas classes sociais mais baixas. Portanto, pode ser que a disciplina rígida seja passada de uma geração para outra porque os filhos adultos tendem a herdar a classe social de seus pais com seus respectivos estressores e estilos de vida (Simons, Whitbeck, Conger & Chyi-In, 1991).[2]

Finalmente, chegamos aos atributos individuais que podem exacerbar a vulnerabilidade a agentes estressantes. Incluiríamos um controle ruim do impulso ou a baixa inteligência, enquanto que os atributos de proteção incluem um alto senso de autoeficácia ou um temperamento relaxado.

5.7. Conclusão

Ao longo do presente capítulo procuramos discutir alguns aspectos ligados ao desenvolvimento dos processos associados às diferentes modalidades assumidas no apego, onde o mesmo, foi visto como um processo ativo e dinâmico que envolve o processamento cognitivo e afetivo, bem como o acréscimo de significado às suas experiências. Desta forma, tanto a biologia

---

[2] Felizmente, esta transmissão não é contínua. Pesquisadores identificaram dois fatores que parecem estar sistematicamente ligados ao rompimento deste ciclo entre gerações. Adultos que não reproduzem a criação inadequada dos filhos parecem ter uma forte consciência de como sua infância difícil influenciou seu próprio bem-estar e potencialmente poderia afetar seus comportamentos na criação de seus filhos. Esses indivíduos parecem ter desenvolvido uma consciência mais integrada sobre como suas experiências foram difíceis na infância e, além disso, os adultos que rompem o ciclo entre as gerações relatam ter recebido alguma forma de apoio emocional consistente de pelo menos uma pessoa significativa (por ex., terapeuta, cônjuge), durante a infância ou mesma na idade adulta (Phelps & Crnic, 1998).

do indivíduo influencia a forma, como os indivíduos respondem às suas experiências, mas, por sua vez, a biologia também é formada por essas experiências.

Os conceitos ligados ao apego e a vinculação acabaram por receber uma crescente pesquisa de desenvolvimento nos últimos anos, onde algumas tendências principais podem ser aqui identificadas. Para iniciar, valeria a pena dizer que vários estudos mostraram que relações de apego inseguro em idade precoce estão diretamente associadas a um risco maior de psicopatologia posterior (Belsky & Nezworski, 1988; Cassigy & Shaver, 1999; Sroufe, Egeland & Carlson, 1999). Assim, alguns clínicos tentaram aplicar os conceitos de apego a um entendimento da gênese de diferentes formas de métodos terapêuticos para tratamento (Rutter & Sroufe, 2000). No capítulo subsequente, vamos nos aprofundar em outras modalidades de psicopatologia associadas aos padrões inseguros de vinculação.

- Capítulo 6 -

Investigação sobre Vinculação e Algumas Perturbações Psicológicas

Nas últimas décadas, a pesquisa sobre a vinculação tem documentado as causas e as consequências do apego inseguro entre pai e filho de forma detalhada. Vários estudos mostraram que o apego inseguro na infância está associado a um risco maior de mau funcionamento no domínio socioemocional durante os anos pré-escolares. Embora tal modalidade de vinculação não possa ser considerada "patológica" em si, seu status enquanto fator de risco fez com que pesquisadores e clínicos refletissem mais a respeito de suas consequências para a vida adulta.

IJZENDOORN, MARINUS, JUFFER & DUYVESTEYN
(1995)

6.1. Introdução

A teoria do apego vê o desenvolvimento como um processo de mudança dirigido, no qual os padrões, competências e personalidade adaptativas emergem como resultante da organização dos padrões de vinculação infantis. Cuidadores sensíveis, engajados e receptivos aumentam as expectativas de seus filhos de que a figura de apego estará sempre disponível nos momentos de necessidade. Na base desse padrão seguro é que se desenvolve a regulação adaptativa de afeto.

Nos casos de psicopatologia percebe-se a alteração ou "desvio" do desenvolvimento do apego normal (seguro), criando várias interferências de percurso. Como acontece com os principais transtornos psiquiátricos, a relação entre o funcionamento da personalidade e o apego está na proximidade (para não dizer semelhança) entre as estratégias utilizadas para se organizar frente aos sentimentos negativos e dolorosos vividos nas relações anteriores com os cuidadores.

Assim, ao longo deste capítulo, discutiremos algumas das perturbações psicológicas derivadas dessas relações inseguras e suas consequências para a vida emocional futura.

6.2. Possibilidades do desenvolvimento errante

Ainsworth (Ainsworth, Blehar, Waters & Wall, 1978) foi a primeira a classificar as diferenças individuais no comportamento da criança e, a partir disto, passou-se a classificar os apegos diferenciando-se os seguros dos inseguros. Em seu experimento denominado de Situação Estranha foram idealizadas uma série estruturada de experiências de separação e reencontro. As modalidades emergentes, conforme descrito no Capítulo 3, demonstraram que as crianças seguras buscam o conforto agradável e o pronto contato com o cuidador ou responsável.

As evitativas são indiferentes ou ignoram o cuidador após sua volta. As crianças ambivalentes exigem pronto contato com cuidador em seu reencontro, ainda que resistam em demasia, não se sentindo confortáveis quando o contato é disponibilizado pelo mesmo. Main e Solomon (1986) descreveram, mais recentemente, um novo padrão inseguro que foi denominado de "desorganizado". Tais crianças não exibem uma estratégia de reação coerente à separação e posterior reencontro na Situação Estranha. Dessa forma, como seria de se esperar, cuidadores inconsistentes, que interferem em demasia, que rejeitam ou mesmo mostram-se insensíveis às necessidades das crianças, estarão de uma forma ou de outra contribuindo para a criação e desenvolvimento de modelos inseguros de vinculação. Assim, as crianças cujos cuidadores são consistentemente inacessíveis ou que rejeitam o contato, tendem a desenvolver estratégias de minimização e desativação dos comportamentos de apego. Como, também, já foi explicado, cada um desses modelos inseguros de apego (baseados nas inconsistências particulares entre a expectativa, experiência, comportamento da criança e as reações do cuidador) produzem modelos múltiplos e inconsistentes da visão de si mesmo e do mundo ao seu entorno. Portanto, não seria de se estranhar que, rapidamente, surjam nestas crianças limitações em suas capacidades cognitivas, emotivas e adaptativas (tornando-as, por exemplo, excessivamente vulneráveis ao estresse). Os variados modelos defensivos que surgem desta progressão podem, por fim, levar a distorções da personalidade e ao favorecimento da criação de uma psicopatologia futura.

Ainsworth e seus colaboradores (1978) definiram a *sensibilidade* como a habilidade de perceber e interpretar de forma correta os sinais de apego das crianças e responder a eles prontamente de forma adequada. Descobriu-se, assim, que uma ausência persistente de sensibilidade estimula o desenvolvimento de um laço inseguro entre a criança e o cuidador. Além disso, alguns estudos recentes sobre a transmissão intergeracional de apego mostraram que a sensibilidade paterna é um dos grandes determinantes deste modelo que está sendo transmitido, ou seja, a percepção parental da biografia pessoal vem a interferir nos modelos transmitidos aos filhos (em termos de estilos de relação). Assim, representações inseguras de apego dos cuidadores progridem e servem de base para a criação de respostas insensíveis aos sinais de apego da criança para que, finalmente, um relacionamento de apego inseguro entre pai e filho seja criado (IJzendoorn, Marinus, Juffer & Duyvesteyn, 1995).

6.2.1. O apego inseguro e suas consequências para a vida psicológica

Segundo Rosenstein & Horowitz (1996), por exemplo, as relações entre a classificação de apego, a psicopatologia e os traços de personalidade foram examinadas em um grupo de 60 adolescentes internados em hospital psiquiátrico. A concordância da classificação de apego foi examinada por entre as díades (mães e filhos adolescentes), e mostrou que tanto os apegos dos adolescentes quanto os apegos das mães foram na sua maioria indicativos das modalidades inseguras. Em relação a um grupo controle, os adolescentes que apresentaram organizações negligentes de apego foram aqueles mais suscetíveis a apresentar transtorno de conduta, abuso de drogas, transtorno narcisista, de personalidade antissocial, conforme relatado pelo próprio indivíduo. Aqueles adolescentes que demonstraram uma organização insegura (e "preocupada", conforme a classificação dos 4 padrões de Main), foram os mais suscetíveis a possuir um transtorno afetivo, transtorno de personalidade obsessivo-compulsivo, histriônico, borderline ou esquizotípico e traços de personalidade evitativa, ansiosa e distímica. Concluindo, os resultados mostraram que as síndromes psiquiátricas e os traços de personalidade foram fortemente associados às respectivas classificações de apego inseguro (Rosenstein & Horowitz, 1996).

Em outro estudo de Pianta, Egeland & Adam (1996), foram examinadas as diferenças na sintomatologia psiquiátrica em relação ao padrão de apego adulto em mães de uma amostra pertencente a baixo estrato econômico. Os resultados indicaram que inseguro (preocupado) foi o que teve mais alta pontuação em uma variedade de índices de sintomas psiquiátricos e doença mental intensa. A pontuação média desse grupo excedeu 65 nas escalas de Inferência de Resposta, de Desvio Psicopata, de Paranoia e de Esquizofrenia. Além disto, os membros desse grupo se descreveram como angustiados, desesperados, zangados e mentalmente confusos. Esses diferentes padrões sintomáticos são consistentes com o status de apego adulto como um índice de representação pessoal e como um conjunto de estratégias para processar emoções e pensamentos relacionados à angústia e às relações de apego.

Condizendo com outras descobertas sobre o relato do próprio indivíduo, as crianças classificadas com o critério de apego inseguro-ambivalente demonstram maior desespero e ansiedade e mostram-se vulneráveis. Essas investigações indicam claramente que a insegurança de apego prevalece de forma extrema entre os indivíduos diagnosticados com doença mental. Os dados relatados nesse estudo observam a relação entre psicopatologia e apego a partir de uma direção alternada e indicam que, os níveis de sintomas relatados pelo próprio indivíduo são altos e condizem com um diagnóstico intenso de doença mental (Pianta, Egeland & Adam, 1996).

Não somente indicativo de psicopatologias, mas a constatação dos estilos inseguros, também, sugeriu que as expectativas negativas de si mesmo ou dos outros, em relacionamentos sociais, criam padrões distorcidos de processamento de informação, refletindo um discurso incoerente e uma narrativa desconectada e empobrecida sobre a história pessoal, além de um baixo manejo emocional (coping) (Allen, Borman, Spurrel & Hauser, 1996).

É interessante notar que a angústia promovida pelos apegos inseguros, também, pede por efeitos compensatórios no sistema psicológico ao criar o que se denominou de estratégias secundárias de proteção. Tais estratégias defensivas surgem quando um indivíduo vê as figuras de apego como não disponíveis, não responsivas ou insensíveis, apesar de precisar do suporte emocional. Assim, como resposta a esta necessidade não alcançada, a privação vivenciada desativa (progressivamente) o sistema de apego e a leitura de todo e qualquer aspecto, envolvendo a "prontidão parental". Para concluir, a criança perde progressivamente a capacidade de "ler" os comportamentos de vinculação, pois eles nunca são satisfeitos (Main, 1996) – o que gera mais ansiedade. Portanto, a desativação tem como objetivo a minimização das pistas de angústia.

Uma segunda possibilidade de estratégia defensiva é aquela na qual o indivíduo vê as figuras de apego como indivíduos que reagem sem uma coerência clara. Para manter a relação com esse tipo de cuidador, o indivíduo hiperativa o sistema de apego com o objetivo de aumentar ao máximo a atuação deste sistema e, assim, provocar alguma reação parental que consiga reconhecer a necessidade de apego da criança.

Outro estudo proposto por Allen, Borman, Spurrel & Hauser (1996), examinou as sequelas a longo prazo da psicopatologia severa na adolescência a partir da perspectiva da teoria de apego. O estudo comparou 66 adolescentes de classe média e alta internados em hospitais psiquiátricos, inicialmente aos 14 anos, por problemas não relacionados a transtornos orgânicos em relação a 76 estudantes do ensino médio em situação demográfica semelhante. Quando foram entrevistados novamente aos

25 anos de idade, todos os adolescentes previamente internados em instituições psiquiátricas exibiram organizações de apego inseguro, em comparação com o grupo controle que exibiu uma mistura mais típica de apegos seguros e inseguros. Conclui-se que a falta de resolução destas relações no que diz respeito às figuras de apego foi responsável por grande parte dessa insegurança. Outros achados indicaram que os adultos inseguros, também, apresentaram altos índices de comportamento criminal autorrelatado e uso abusivo de drogas.

Para concluir, citaríamos a pesquisa conduzida por Adam, West & Sheldon-Keller, (1996) com 133 adolescentes em tratamento psiquiátrico, onde se investigou a possível associação dos padrões de apego a um histórico de comportamentos suicidas. O grupo compreendeu 64 adolescentes que nunca apresentaram comportamento ou ideação suicida versus um grupo que incluía 69 adolescentes com histórico de comportamento suicida e ideais suicidas severos. De acordo com definições fornecidas pelo sistema de pontuação, 78% dos adolescentes que possuíam ideações relataram algum tipo de problema relacionado às questões de vinculação com os pais.

6.2.2. O apego inseguro e os transtornos alimentares

No caso dos transtornos alimentares, o foco na aparência pode exercer uma função de distração ao redirecionar a atenção e necessidade do apego (não alcançada) para objetivos mais alcançáveis, tal como, por exemplo, mudar de aparência. Relatos de transtorno alimentar foram associados às classificações de relacionamentos muito ruins com os pais (descritos como não disponíveis emocionalmente e altamente críticos com suas filhas). Isso está de acordo com descobertas de outro estudo, no qual apontou que as mulheres com bulimia nervosa afirmavam possuir relacionamentos ruins com seus pais, caracterizados pela falta de cuidado e empatia paterna (Fonagy, Leigh, Steele, Steele, H., Mattoon, Target & Gerber, 1996).

Ou seja, mulheres com transtornos alimentares alegaram possuir cuidados maternais na infância que envolviam um maior grau de frieza emocional, indiferença e rejeição psicológica em comparação ao grupo controle. Dessa forma, a proteção materna relatada consistia em uma intrusão significativamente maior, contato excessivo ou mesmo infantilização ou prevenção de comportamento independente em comparação com os grupos controle, onde a presença de transtornos alimentares não foi relatado (Rhodes & Kroger, 1992).

Kenny & Hart (1992), em um interessante estudo, examinaram a correlação existente entre o apego desenvolvido com os pais e os sintomas de transtornos alimentares presente em uma amostra de mulheres internadas com o referido diagnóstico (n = 68). O grupo controle consistia de uma amostra de universitárias (n = 162). O grupo controle apresentou um vinculo seguro com os pais, relatando menores escores de preocupação com o peso e a dieta, comportamento bulímico e sentimentos de ineficácia. Noventa e seis por cento das pacientes com transtorno alimentar foram classificadas como ansiosamente apegadas, e apresentaram maiores níveis de preocupações com o peso, comportamentos bulímicos e com o sentimento de ineficácia. Tais achados confirmam o que Mallinckrodt, McCreary & Robertson, (1995) atestaram, ou seja, os apegos inseguros estão presentes (ou determinam significativamente) os casos de transtornos alimentares.

6.3. Conclusão

Mais pesquisas serão necessárias para identificar e classificar nos transtornos da infância, aquelas disfunções encontradas na adolescência e na vida adulta. Embora as questões de desenvolvimento tenham sido relativamente bem pesquisadas, menos progresso tem sido alcançado na caracterização da continuidade destes padrões encontrados na maturidade (Carmen del Rebecca, 1996). Todavia, os exemplos apresentados são claros: as modalidades inseguras de vinculação são achadas em maior numero nos pacientes diagnosticados com algum transtorno mental. Seria muito delicado categoricamente afirmar que os padrões inseguros "determinam" a manifestação de psicopatologias futuras na vida adulta, mas por outro lado, vários são os achados de que a insegurança das modalidades de apego, permeiam de maneira muito intensa a vida de adolescentes e adultos com problemas de adaptação. A conclusão desta dúvida, deixamos ao leitor a possibilidade de resposta.

- Capítulo 7 -

Algumas Implicações da Teoria da Vinculação para a Vida Adulta

Um crescente corpo da literatura sugere que diferentes modelos de vinculação explicam as regularidades do comportamento nos adultos, assim como nas várias experiências interpessoais estabelecidas durante toda uma vida.

PIETROMONACO & CARNELEY

7.1. Introdução

Segundo Holmes (1996), a teoria da vinculação é uma teoria sistêmica. Não concebe o indivíduo vivendo de maneira isolada, mas em conexão constante com o mundo à sua volta, ou seja, em contínuo e recíproco relacionamento voltado, inicialmente, à figura de ligação primária – seus cuidadores – ampliando-se depois para outras figuras de vinculação subsidiárias dentro da própria família e, finalmente, acabar se estendendo a toda a sociedade. Em cada nível destes círculos ou relações podem ser encontradas diversas maneiras de vinculação que, inevitavelmente, evoluirão das estruturas mais básicas decorrentes dos primórdios infantis até as últimas fases da idade mais avançada.

Alguns autores afirmam que este vínculo "da infância" está organizado de maneira muito semelhante àqueles encontrados na idade adulta, chegando, muitas vezes, a exibir uma verdadeira sobreposição. Individualmente, a continuidade dos vínculos durante toda uma vida constitui-se numa regra preponderante, ao passo que as possíveis alterações são consideradas como autênticas exceções (van IJzendoorn, 1996). Como consequência disto, uma transmissão intergeracional das condutas de vinculação acaba sendo assegurada, pois os cuidadores muito provavelmente, criaram certas estratégias de ligação quando crianças que agora, na fase adulta, as utilizam no papel de pais.

7.2. Para além da infância: as condutas de vinculação e a vida adulta

A velha e conhecida premissa da manutenção e estabilidade dos modelos internos de trabalho (ou de ligação) é, de alguma forma, demonstrada pela passagem das gerações. Isto não significa que uma modalidade insegura de vinculação tornar-se-a um incômodo a ser administrado pelo indivíduo, mas que a tendência à *permanência* destes modelos internos é uma regra muito clara fazendo, muitas vezes, com que o organismo inevitavelmente se curve ao seu funcionamento.[1]

Inequívocos são os exemplos a este respeito, pois conforme a criança depara-se com uma boa dose de receptividade de seus cuidadores, é muito provável que continue a buscar o mesmo tipo de relações em sua vida futura, pois tais padrões tornaram-se, pela repetição constante, padrões conhecidos e familiares, conforme já amplamente discutido. Da mesma forma, sua antítese torna-se verdadeira, ou seja, a busca e manutenção das experiências negativas, também, fomentam uma constante procura pelo conhecido, mesmo parecendo, à primeira vista, um tanto quanto desconfortável. Portanto, assim como, a estabilidade atrai o equilíbrio, as tensões familiares e a instabilidade chamam à oscilação emocional e à ansiedade.

Digno de nota é o sofisma estabelecido entre a vinculação e os relacionamentos afetivos. Segundo Ainsworth (1991), os vínculos não devem ser entendidos como sinônimos de relacionamentos, pois estes são diádicos, isto é, envolvem duas pessoas, ao passo que as vinculações são características de um "único" indivíduo em relação a outro, mesmo quando se desenvolvem em um contexto de relação. Um segundo ponto que atesta esta diferença é o fato de os relacionamentos afetivos poderem ser tanto duradouros quanto breves, ao passo que os vínculos são por constituição longos e mais duradouros. Por último, afirmaríamos que a natureza de um relacionamento entre dois indivíduos vai muito além da história total de suas interações passadas, uma vez que pode conter diversos componentes,

---

[1] Todavia, os scripts inseguros de vinculação não necessariamente tornam-se uma profecia negativa. Por exemplo, segundo Simpson, Rholes e Phillips (1996), as pessoas que foram inseguramente apegadas à sua mãe até a idade de um ano, têm "obtido" um status de adultos seguramente vinculados após terem se casado com um parceiro confiante e apoiador.

alguns dos quais até irrelevantes para constituir-se em uma autêntica relação de vinculação.

Desta forma, Weiss (1991) aponta três características que podem servir de distinção entre os relacionamentos de vinculação e os outros tipos de vínculos relacionais: (1) busca de proximidade, (2) efeito de base segura, e (3) protesto de separação, a saber:

1. Busca de proximidade – na vinculação afetiva a criança tentará manter-se dentro do âmbito protetor de seus pais.
2. Efeito de base segura – na presença de uma figura de vinculação, há o favorecimento de um nível de segurança necessário para a criança explorar o ambiente.
3. Protesto de separação – na ameaça contínua à acessibilidade da figura de ligação surgirá o protesto de separação, que ativará os comportamentos de busca de proximidade e, consequente, evitação da separação.

Evidentemente, para que nossa análise possa avançar um pouco mais nesta temática, temos que procurar localizá-la dentro da vida adulta onde a busca de proximidade paterna é substituída pela busca de um outro "alguém" que cumpra as mesmas funções, isto é, uma pessoa para a qual o sistema de vinculação poderá ser deslocado (e ativado) sempre que o indivíduo estiver em algum contexto, onde o medo e a ameaça se façam presentes. Portanto, as situações desafiantes mudam na maturidade, mas o efeito *base segura* será sempre desencadeado na presença do perigo – o que induz as pessoas a, também, buscarem contato com aquelas que lhe fornecem uma segurança suficiente e necessária à superação do risco. Finalmente, o protesto de separação, da mesma forma que foi encontrado na infância, também, poderá ser percebido nas interações pessoais de caráter conflitivo, onde a busca por uma parceria mais cooperativa será sempre almejada (Simpson, Rholes & Phillips, 1996).

Em nossa descrição, deliberadamente, não incluímos um poderoso aspecto que, se levantado, seguramente colocaria em dúvida a lucidez contida na análise acima descrita que é o questionamento: Qual seria o papel da sexualidade na criação da vinculação afetiva? Hinde & Stevenson-Hinde (1991), afirmam que, embora em muitas culturas a atração sexual possa ser um dos componentes mais importantes para o começo de um relacionamento, aqueles relacionamentos que venham a depender única e exclusivamente deste elemento provavelmente perecerão, ou seja, terão uma vida mais curta. É importante notar que quando um relacionamento persiste, o cuidador e os componentes do vínculo juntos, provavelmente, tornaram-se tão ou mais importantes que o aspecto sexual, contribuindo para a manutenção dos vínculos existentes, mesmo se considerarmos aquelas situações nas quais o interesse sexual deu sinais de declínio.

Antes de adentrarmos nas peculiaridades específicas de cada estilo de vinculação e suas variações nas fases mais maduras da vida, vale a pena examinarmos alguns outros exemplos de contextos onde as condutas de ligação exibem a sua força e sua ação. Por exemplo, em algum momento da vida, é possível que familiares mais velhos possam desempenhar além do papel parental, uma função de cuidador, (com o auxílio de familiares mais novos) tornando-se, em certas ocasiões, figuras de vinculação adicionais (Parkes, Stevenson-Hinde & Marris, 1991). Um outro exemplo, também, citado pelos mesmos autores é o verificado entre os soldados em situações de guerra. Tais companheiros, quando em situações de ameaça, buscam proximidade entre si; dão e oferecem cuidado e proteção uns aos outros; quando um sente-se seguro, muito provavelmente, é porque o outro encontra-se disponível e, uma eventual separação ou ameaça de separação, evocaria uma carga significativa de ansiedade, vindo a perda a causar o luto. Sabe-se que as pessoas que passaram por um infortúnio juntas e tenham se protegido mutuamente, sentem-se diferentes uma em relação à outra após o ocorrido – e estes sentimentos de proximidade tendem a persistir com o passar do tempo. Portanto, sob as mais severas condições de perigo, o sistema de vinculação tende a ser ativado e a necessidade e o fornecimento de proteção tornam-se uma necessidade imperativa.

Em outra citação, Fonagy et al. (1997) mencionam que, na ausência de uma figura específica de vinculação, sempre haverá algo ou alguém para que, de uma maneira ou de outra, se constitua uma "extensão temporária" da figura de ligação original, ou seja, algo que venha possibilitar ao indivíduo, a retomada da sensação de proteção e amparo (mesmo na impossibilidade de ocorrência de uma vinculação mais tangível). Desta maneira, na ausência concreta de certas figuras de vinculação, alguma outra coisa acontecerá visando este preenchimento. No caso dos jovens de rua, por exemplo, as conhecidas *gangues*, cumprem este papel, pois preenchem muitas funções de um cuidador real. Como é de amplo conhecimento, a existência destes grupos baseia-se, fundamentalmente, nos preceitos da coesão e do protecionismo grupal e, apesar da desadaptabilidade social, torna-se uma expressão clara da necessidade biológica original de ligação da criança (ou de um adulto) de vincular-se com o que estiver disponível em um certo momento de suas vidas. Portanto, a cada membro da gangue está assegurado o fornecimento de amparo e segurança, mesmo que "marginalmente" falando. Vale lembrar que este laço de vinculação não se direciona a alguém específico, mas ao grupo como um todo.

Isto nos indica que os modelos internos de trabalho na idade adulta, assim como na infância, mantêm seu espectro de influência e direcionam as estratégias de comportamento e de ação interpessoal. Na sequência, examinaremos com mais parcimônia, os três estilos de vinculação e suas consequências mais amplas para a vida adulta.

7.3. A vida adulta: tendências e preferências de relacionamento

Conforme temos explorado no presente capítulo, a expressão das condutas de vinculação continua a manter-se persistente e inabalável na maturidade, apesar das pequenas alterações observadas no curso de seu desenvolvimento. Muitas vezes o foco principal desta figura de vinculação é redirecionado, sendo então deslocado e trasladado para "outros significativos" que, de posse desta condição, passam a assumir a função de provedor e assegurador da confiabilidade e de esteio. Assim, naturalmente dá-se a passagem do papel antes ocupado pelos pais para manifestar-se em um amigo e, quando surge um par romântico, encontra este sistema de apego o seu novo porto de ancoragem. Todavia vale ressaltar que tais condições itinerantes acabam por trazer uma esteira de influências percebidas em vários outros níveis.

Por exemplo, um interessante estudo proposto por Mayseless, Danielli & Sharabany (1996), cujo objetivo foi testar a reação de jovens adultos frente a possíveis separações, concluiu que a natureza do relacionamento estabelecido pelos adultos era influenciado por seus estilos atuais de vinculação (cf. Tabela 1), a saber: enquanto os sujeitos seguramente apegados (71%) escolheram seus pares românticos como a pessoa *mais próxima* a eles (atestando a transmissão da figura de vinculação), nos dois grupos de vinculação insegura (evitativo e ambivalente) apenas cerca de 41,2% e 33,3%, respectivamente, escolheram seus parceiros como estas pessoas. Os outros 40% restantes (dos grupos inseguros) acabaram por escolher os amigos na porcentagem aproximada de 40%, ou seja, aos modelos inseguros, a possibilidade de confiar nos outros (pares românticos) que não sejam os familiares diretos ou amigos, torna-se uma tarefa mais problemática (não se "acredita" nas relações afetivas). Verifica-se por meio destes exemplos a confirmação daquilo que a teoria da vinculação sempre apregoou, ou seja, que os modelos internos de trabalho permanecerão estáveis e inalterados, até que alguém significativo possa alterar o curso de seu desenvolvimento ao oferecer padrões mais seguros e estáveis de ligação.

Tabela 1 – Frequência (em %) da Natureza do Relacionamento com a Pessoa mais Próxima

Grupo de Apego	Natureza do Relacionamento			
	Amigos	Membros da Família	Par Romântico	Total
	Pessoa mais próxima			
Seguro	12,9%	16,1%	71,0%	100%
Evitativo	41,2%	17,6%	41,2%	100%
Ambivalente	40,8%	25,9%	33,3%	100%

FONTE: Mayseless, Danielli & Sharabany (1996).

No passo seguinte, quando a análise pautou-se no quesito "identidade" da *segunda pessoa* mais próxima a estes adultos, verificou-se que, a maioria dos sujeitos de todos os padrões de vinculação, escolheram seus "amigos" como a segunda pessoa mais próxima a eles. Entretanto, isto não foi válido para os sujeitos do grupo evitativo que, quando confrontados com os sujeitos de outros grupos, mostraram uma menor tendência a buscar os amigos, mas exibiram uma grande inclinação para os membros da família, mantendo inalterada suas tendências evitativas (cf. Tabela 2).

Tabela 2 – Frequência (em %) da Natureza do Relacionamento com a Segunda Pessoa mais Próxima

Grupo de Apego	Natureza do Relacionamento			
	Amigos	Mebros da Família	Par Romântico	Total
	Segunda pessoa mais próxima			
Seguro	83,9%	16,1%	00,0%	100%
Evitativo	47,1%	35,3%	17,6%	100%
Ambivalente	70,4%	25,9%	03,7%	100%

FONTE: Mayseless, Danielli & Sharabany (1996).

Como o referente estudo visava analisar aspectos relativos à "moradia" destes sujeitos e seus estilos de vinculação (Tabela 3), chegou-se aos seguintes resultados: a maioria daqueles seguramente vinculados declarou não morar, atualmente, na casa de seus pais, mas sim com um companheiro de quarto (32%) ou um parceiro romântico (42%), e tal parceiro foi, também, escolhido por todos os sujeitos seguros como a pessoa mais próxima a eles. Isto é, por se sentirem "seguros", conseguem se desligar naturalmente de seus pais. Jovens adultos ambivalentes, também, tiveram uma tendência a morar fora da casa de sua família original, mas em uma intensidade menor do que tenderam a viver sozinhos ou com um companheiro de quarto (59%) – isto é, uma dificuldade em assumir novas relações. O que nos parece é que, enquanto os sujeitos, em ambos os casos destes grupos de vinculação, inclinaram-se a viver na casa de seus pais, os adultos seguros tiveram maior facilidade em constituir relacionamentos íntimos com um parceiro romântico do que os ambivalentes. Mayseless, Danielli & Sharabany (1996) verificaram que, ao contrário do esperado, jovens adultos ambivalentes não tenderam a ficar na casa de seus pais para permanecerem em sua proximidade. Eles parecem ter tido a separação normativa de suas famílias de origem, mudando-se da casa de seus pais, mas aparentemente tiveram menos sucesso nesta transição como evidenciado por seu baixo sucesso em estabelecer um relacionamento romântico comprometido.

Tabela 3 – Arranjo de Moradia (em %) para os Diferentes Grupos de Vinculação

	Seguro	Evitativo	Ambivalente
Morando sozinho/ com um companheiro de quarto	32%	18%	59%
Morando com um par romântico	42%	38%	15%
Morando com os pais	26%	44%	26%
Total	100%	100%	100%

FONTE: Mayseless, Danielli & Sharabany (1996).

Averiguou-se ter sido o grupo evitativo o que mais se destacou na tendência a conservar a proximidade da família de origem. Cerca de 44% deles permaneceu morando com sua própria família, se comparado com os outros grupos de vinculação. Averiguando o quesito *segunda pessoa* mais próxima, os evitativos citaram esta pessoa como um membro da família mais importante, em vez de um amigo, diferentemente dos sujeitos dos outros grupos. Apesar dos evitativos viverem em uma proximidade íntima com seus pais, não reportaram uma grande frequência de interação com os mesmos. Portanto, os sujeitos evitativos tendem a ficar nas casas de seus pais, estando fechados a novos relacionamentos em geral, ou seja, indicando uma forte tendência a evitar a entrada em novos relacionamentos fora da família de origem.

Concluindo a investigação, Mayseless, Danielli & Sharabany (1996) chegaram a resultados indicativos de que, jovens adultos seguramente vinculados, cumprem naturalmente um processo gradativo de separação de seus pais, tendendo a morarem fora da casa original para depois virem a se envolver em outras modalidades de relacionamentos íntimos com seus escolhidos parceiros afetivos. Desta forma, mesmo vivendo fora de casa, é mantido o bom padrão de comunicação pessoal estabelecido, anteriormente, com seus pais. Portanto, observou-se que em seus mundos representacionais, as separações diárias vividas não chegam a se constituir em uma ameaça real, tendendo, os mesmos, a reagir de uma forma a sempre preservar a autoconfiança e segurança pessoal.

Ao se considerar os adultos ambivalentes, verificou-se também uma tendência a deixarem seus lares originais, mas com menor grau de sucesso em estabelecer um relacionamento romântico duradouro e comprometido. Em seus mundos representacionais, suas reações frente à separação imaginada foram mais acentuadas e fortes do que aquelas observadas nos padrões seguros, sendo caracterizadas por maiores respostas de vínculo mescladas com sentimentos de rejeição e de ansiedade (assim como os bebês ambivalentes reagiam no Procedimento da Situação Estranha).

O grupo evitativo exibiu respostas menos intensas frente às separações, uma vez que estes adultos já possuem como característica básica a própria evitação e, assim, também evitaram separações físicas de seus pais, pois, ao fazê-lo, obtiveram uma aproximação "vigiada", regra esta que os mantiveram refratários à formação de novos relacionamentos. Assim, tais pessoas exibem em seu processamento de informações (vida mental), um movimento contínuo de exclusão de toda a informação consciente relacionada às condutas de vinculação, de forma semelhante aos bebês no Procedimento da Situação Estranha, ao perceberem uma situação alarmante e se manterem frios. A diferença entre as crianças e os adultos é que os últimos utilizam mecanismos de defesa mais sofisticados, os quais acabam permitindo o reconhecimento consciente das situações aflitivas, porém com um menor nível de desconforto emocional – afinal de contas, se amadurece com o passar do tempo. Conclui-se, então, que o mundo representacional de cada pessoa na vida adulta reflete, em muito, as premissas extraídas dos estilos de vinculação anteriores. Portanto, muito provavelmente mudam-se os períodos, mas as estratégias permanecem as mesmas.

7.4. A vida adulta: os relacionamentos no ambiente de trabalho e a autoestima

Independente do estilo de moradia preferido ou da maneira pela qual estas relações se dão, uma vez mais constataremos que todos carregam consigo (tanto os adultos quanto as crianças), o chamado mundo representacional vincular, que nada mais é do que um "norte magnético" (inconsciente, às vezes) influenciando nossas escolhas. Tais referencias acabarão por interferir, não somente, na maneira pela qual as interações entre os cônjugues e os parceiros se estabelecerão, mas também, estarão presentes em muitos outros níveis das interações sociais diárias, mesmo estando ausentes as condições de ameaça à segurança pessoal (Tidwell, Reis & Shaver, 1996).[2]

Outra importante ideia apresentada por Mayseless (1996) sobre as diferentes estratégias encontradas na vida adulta é a

---

[2] Embora certos dados tenham mostrado que geralmente indivíduos seguros descrevem sua atividade social de uma maneira mais positiva do que os indivíduos inseguros, ainda não está totalmente claro como as experiências de vinculação interferem neste processo.

constatação de que os distintos padrões de ligação também podem ser percebidos na maneira como as pessoas interagem com o mundo social (cf. Tabela 4), ou seja, os indivíduos seguros apresentam interações mais seguras por não terem encontrado grandes dificuldades de relacionamentos em sua vida passada e, assim, se sentirão naturalmente mais voltados (e confortáveis) ao interagir com terceiros, uma vez que isto nunca se configurou em um problema. Os evitativos, como o próprio nome os define, terão maior facilidade de se sentirem realizados em tarefas onde não existam muitas pessoas com quem se relacionar e, desta maneira, sentir-se-ão muito mais seguros (por que não dizer "tranquilos") nos trabalhos envolvendo uma relação mais direta com objetos do que com pessoas (como por exemplo, indivíduos com mais "afinidades" em trabalhos mais solitários) (Collins & Read, 1994). Assim como bebês evitativos parecem usar o comportamento exploratório como uma maneira de evitar contato com suas mães, os adultos evitativos podem trabalhar compulsivamente ou usar o trabalho para evitar relacionamentos íntimos. Daí, muitas vezes, originam-se suas habilidades e a causa de sua autoestima positiva (moderada-alta). Os ambivalentes, como sempre viveram em uma montanha russa emocional em função das diferentes estratégias usadas por seus cuidadores, naturalmente serão inclinados a dirigir sua atenção, primordialmente, para outras pessoas, mantendo seus padrões de ligação anteriores e sua autoestima em níveis mais rebaixados. Por contraste, os adultos ambivalentes podem tender a ver o trabalho como uma oportunidade de satisfazer as necessidades de vinculação não encontradas até então, e esta tendência pode vir a interferir em sua performance de trabalho, pois o objetivo final talvez seja "primeiro" estabelecer a vinculação para, depois, realizar-se profissionalmente.

Tabela 4 – Dimensões de Resultado de Padrões de Vínculo Seguro e Inseguro

Padrões de Vinculação	Dimensões de Resultado		
	extensão da ativação da necessidade de apego	senso de autoeficácia e de ser apreciado (autoestima positiva)	orientação aos objetos ou pessoas
Seguro	intermediário	alto	pessoas
Evitativo	baixo	moderado-alto	objetos
Ambivalente	alto	baixo	pessoas

FONTE: Mayseless (1996).

Como mencionamos, a "orientação" desenvolvida por estes adultos como resultado das estratégias táticas e vinculares de cada um, uma interessante publicação de Feeney & Noller (1996) mostra o grau de satisfação desenvolvido por cada trabalhador frente aos três estilos de vinculação. Os sujeitos, seguramente, apegados foram aqueles que, reportaram uma maior satisfação no trabalho do que os pertencentes aos outros grupos de vínculo, avaliando-se como bons trabalhadores, confiantes e sentindo-se muito valorizados por seus colegas. Os sujeitos evitativos, como exposto anteriormente, reportaram satisfação muito similar aos sujeitos seguros em termos de seu sucesso profissional, todavia, não demonstraram habilidades em se relacionar com seus colegas, preferindo, geralmente, trabalhar isoladamente. Ele, também, enfatizaram a importância do sucesso no trabalho (em vez dos relacionamentos), usando a justificativa do trabalho como uma desculpa para evitar o entrosamento com o restante do grupo, fato que já não ocorreu no grupo seguro.

Os ambivalentes, os mais diferentes dos pertencentes aos quadros anteriores, reportaram o menor grau de realização no emprego, apresentando a menor média salarial, se comparados com aqueles pertencentes aos outros dois grupos de vinculação (seguros e evitativos). Eles, também, reportaram os menores níveis de sentimentos de segurança em suas funções laborais, além de uma insatisfação generalizada com seu progresso profissional. Os indivíduos ambivalentes afirmaram distrair-se facilmente no trabalho, além de apresentarem frequentes dificuldades no término de seus projetos, tendendo a exibir um declínio ou desinteresse tão logo recebessem um elogio de alguém, ou seja, haviam conseguido seu "objetivo".

Desta maneira, podemos concluir afirmando que a orientação segura é aquela que mais se revelou saudável na realização de qualquer atividade profissional, pois os indivíduos deste grupo lidaram com mais facilidade e perícia com as várias intempéries surgidas na realização das tarefas, conseguindo manter sempre alto o nível de sua motivação pessoal, não permitindo a interferência de problemas pessoais, ou qualquer outra preocupação em seu trabalho. Os evitativos chegaram a afirmar haver demasiada interferência dos relacionamentos pessoais em seu trabalho, consequentemente tornando-se esquivos com maior facilidade (razão pela qual voltavam-se basicamente mais para os objetos do que para as pessoas, conforme apresentado na Tabela 4). Os ambivalentes, ao que nos parece, foi o grupo com um maior repertório de queixas frente à sua realização profissional, não conseguindo se sentir confortáveis em quase nenhuma condição, não obtendo um bom contato com os colegas, um bom salário e tampouco uma boa capacitação pessoal.

7.5. A vida adulta: vinculação e gênero

É inegável a existência de diferenças entre homens e mulheres na maneira pela qual ambos podem experienciar as diferentes vivências durante toda uma vida, principalmente se consideradas as distintas formas de socialização. Uma característica cuja influência determina esta variação é a experiência de vinculação. Por exemplo, Pietromonaco e Carneley (1994) afirmam que as mulheres tendem a ser muito mais orientadas a um desenvolvimento explícito do vínculo (com todas as suas características peculiares percebidas nas brincadeiras infantis, por exemplo: o brincar de *casinha*, onde é exaltada a preocupação com outros; nas brincadeiras de *bonecas*, onde se manifesta o oferecimento do cuidado e do apoio etc.), enquanto, que nos homens, são enfatizadas muito mais as atividades voltadas para sua individualidade (por exemplo: por meio dos jogos que visam a *competição*, *vitória* sobre o oponente etc.).

Parkes, Stevenson-Hinde & Marris (1991) sugerem uma outra importante questão relativa ao aspecto de gênero ao assumirem a existência de uma propensão genética das mulheres em se tornarem mais apegadas vindo a confiar mais nas figuras de vinculação do que os homens. O argumento evolucionário é baseado na premissa de que as mulheres seriam menos capazes de se proteger das ameaças ambientais do que os homens, isto em função de uma menor força física, de uma maior fragilidade corpórea etc., sem se considerar um agravante verificado nos períodos de gestação, nascimento e cuidados com o bebê, onde a mulher se tornaria, ainda, mais vulnerável.

Desta maneira, os papéis das mulheres orientam-nas mais para as tarefas socioemocionais, enquanto que os papéis dos homens voltam-se em direção às tarefas de conquista e de manutenção de sua soberania. Portanto, torna-se inevitável que a construção das experiências de vínculo de cada um, se deem dentro dos diferentes princípios sociais e baseadas nas diferentes concepções de papel dentro de cada cultura.

Curiosamente, os homens que correspondem ao típico modelo (de gênero) masculino, parecerão mais evitativos (sob o ponto de vista da vinculação), ao passo que as mulheres mais em consonância com os estereótipos de gênero feminino parecerão mais inseguras (e preocupadas). Assim, Pietromonaco & Carneley (1994) descobriram que homens e mulheres que carregavam modelos de trabalho congruentes aos estereótipos de gênero de papel, expressaram menor satisfação em seus relacionamentos.

Estas diferenças de gênero são percebidas não somente nas distintas orientações sociais, mas também na maneira pela qual se estabelecem os relacionamentos afetivos (românticos). Uma mulher segura pode ser mais inclinada a se envolver com um homem seguro, pois este confirmará suas crenças de ser ela digna de amor e de sentir-se confortável nos relacionamentos afetivos. Na outra ponta, a mulher insegura (e preocupada, por exemplo) se envolverá mais, provavelmente, com um homem evitativo que confirme suas crenças de não poder tornar-se tão íntima de outros quanto na realidade ela gostaria.

Assim, decorrentes dos primeiros relacionamentos estabelecidos entre pais e filhos, os estilos de vinculação na idade adulta são, via de regra, guiados também por uma identificação histórica, pessoal e de gênero de papel.

7.6. Os relacionamentos românticos na idade adulta

Nos últimos anos, vários pesquisadores têm conceituado os relacionamentos adultos em termos concordantes com as premissas da teoria da vinculação. Vormbrock (1993) (cf. Weiss, 1982) sugeriu que a vinculação emocional entre os cônjuges apresenta grandes similaridades com o vínculo infantil. E, tais semelhanças, podem ser verificadas por meio de três aspectos:

a) A pessoa busca estar com o cônjuge nos períodos caracterizados por uma alta intensidade de estresse, assim como a criança procura sua mãe nos momentos de tensão;

b) A pessoa associa o cônjuge ao conforto e segurança, buscando-o sempre que necessário, semelhante à busca da criança de uma "base segura", e

c) A pessoa experimenta ansiedade quando a separação ocorre, assim como a criança o sente.

Portanto, evidências de pesquisas sustentam a conclusão de que o tipo de vínculo desenvolvido com os pais na infância e a qualidade da vinculação marital funcionam como correlatas e, possivelmente, como antecedentes dos estilos parentais a serem oferecidos aos filhos (Cowan, Cohn, Cowan & Pearson, 1996).[3]

O estilo de vínculo relatado na idade adulta, principalmente nos relacionamentos amorosos, sugerem possuir grandes similaridades com as ligações exibidas pelas crianças e seus primeiros cuidadores. Portanto, os referenciais aqui descritos fornecem um grande suporte para o entendimento do amor romântico na vida adulta (Feeney & Kirkpatrick, 1996).

O suporte empírico inicial para o estudo do amor romântico consistiu de dois estudos baseados em amostras que apontaram para uma possível relação existente entre o estilo de vinculação atual e certos aspectos provenientes dos relacionamentos estabelecidos na infância. Para este exame foi proposto por Hazan & Shaver (1987) uma avaliação chamada "escolha-forçada", pois consistia de três parágrafos curtos, para cada

---

[3] Mesmo que de maneira breve, vale ressaltar que Cowan, Cohn, Cowan & Pearson (1996) afirmam que o papel desempenhado pelos cônjuges pode ser visto como um estágio intermediário entre os modelos de trabalho de vínculo externalizado pelos pais e a consequente vinculação oferecida no trato com os filhos, pois um relacionamento conjugal naturalmente explicita os modelos de trabalho que os pais introjetaram de seus cuidadores. Por exemplo, se tais modelos forem inseguros, inevitavelmente surgirão dificuldades no estabelecimento de bons modelos de vinculação com as crianças, ao passo que um relacionamento marital positivo pode funcionar de maneira contrária, fomentando boas relações. Assim, "um relacionamento marital positivo pode agir como um aparador, interrompendo a esperada continuidade entre status de vínculo inseguro dos pais e relacionamentos negativos com seus filhos" (p. 54).

um era associado um estilo de vínculo específico e baseados em conteúdos provenientes da literatura infantil a respeito da natureza dos relacionamentos. Assim, solicitou-se aos sujeitos que escolhessem o parágrafo que fosse mais explicativo de seus sentimentos quando inserido em situações de relacionamentos íntimos, conforme descrito abaixo (Tabela 5).

Tabela 5 – Medida de Escolha-Forçada do Estilo de Vinculação

Questão: *Qual dos seguintes parágrafos, descreve melhor seus sentimentos?*
Seguro: Eu acho relativamente fácil ter intimidade com os outros e sinto-me confortável em depender deles e que eles dependam de mim. Eu não me preocupo em ser abandonado ou que alguém fique muito íntimo de mim.
Evitativo: Eu me sinto bastante desconfortável em ter intimidade com os outros; acho difícil acreditar neles completamente, difícil permitir-me depender deles. Fico nervoso quando alguém chega muito perto e parceiros amorosos, muitas vezes, querem que eu seja mais íntimo do que eu me sinto confortável em ser.
Ansioso-ambivalente: Eu acho que os outros são relutantes em ter tanta intimidade quanto eu gostaria. Muitas vezes me preocupo que meu parceiro não me ame realmente ou não queira estar comigo. Quero me envolver completamente com outra pessoa e este desejo às vezes afugenta as pessoas.

FONTE: Hazan e Shaver (1987).

Como resultado desta investigação, os sujeitos de vínculos seguros foram aqueles que se descreveram como os mais confortáveis com a proximidade, menos incomodados com a intimidade e, ainda, os mais inclinados a acreditar e confiar em outras pessoas. Os indivíduos evitativos foram aqueles descritos como vivenciando algum tipo de desconforto com a proximidade e com a intimidade interpessoal, exibindo o maior grau de dificuldade de depender dos outros. Complementando este quadro, os ansiosos-ambivalentes foram aqueles que reportaram a mais intensa procura afetiva ou, dito em outras palavras, aqueles que exibiram os níveis mais extremos de intimidade e medo de serem abandonados e/ou não correspondidos afetivamente (Feeney & Noller, 1996).

Os resultados destes estudos indicaram uma aproximação íntima das frequências relativas aos três estilos de vinculação com aquelas observadas entre as crianças, sendo que apenas metade dos sujeitos se classificaram como seguros (56% em cada amostra), um outro grupo se descreveu como evitativos (23% e 25% nas amostras 1 e 2, respectivamente) e os ansiosos--ambivalentes atingiram as menores porcentagens (20% e 19%, respectivamente). As semelhanças não pararam por aí; os sujeitos dos diferentes estilos de ligação confirmaram outros dados na história pregressa de vínculos que os aproximou, ainda mais, das atribuições mencionadas pelas crianças, como as percepções dos relacionamentos familiares precoces, o grau de segurança vivenciado e outras informações consistentes com as previsões já realizadas (cf. Tabela 6) (Feeney & Noller, 1996).

Tabela 6 – Diferenças das Medidas dos Estilos de Vinculação, História de Vínculos, Modelos Mentais e Experiências Amorosas

Medida	Seguro	Evitativo	Ansioso-Ambivalente
História de vínculo	Relacionamentos afetuosos com os pais e entre os pais	Mães percebidas como frias e rejeitadoras	Pais percebidos como injustos
Modelos mentais	Facilidade em fazer amigos; menor autoincertezas; outros bem intencionados; amor romântico duradouro	Amor romântico raramente duradouro; amor romântico perde a intensidade	Autoincertezas; incompreendido pelos outros; fácil de se apaixonar, mas com raro amor real; outros indispostos a se comprometerem
Experiências amorosas	Felicidade; amizade; confiança	Medo de intimidade; dificuldade em aceitar o parceiro	Obsessão e ciúme; desejo por união e reciprocidade; forte atração sexual; extremos emocionais

FONTE: Hazan & Shaver (1987).

A partir das informações obtidas conclui-se que os sujeitos com vinculação segura foram aqueles que reportaram os melhores níveis de relacionamento com pais na infância, sendo os elementos mais básicos deste relacionamento a amizade e o companheirismo (características exaltadas não somente entre pais e filhos, mas também, encontrada entre os pais). Por isso, tais indivíduos sentem-se, na vida adulta, com maiores habilidades de relacionamento com outras pessoas, alegando possuir o menor grau de incertezas pessoais em sua vida. Em decorrência desta segurança e desta certeza pessoal, os "outros" são sempre vistos como bem intencionados e honestos, isto é, dignos de confiança.

Vale lembrar que estas expectativas podem ter um valor preditivo importante se tivermos em mente sua natureza autorrealizadora. Na expectativa de um possível relacionamento, o "otimismo interpessoal" pode influenciar a maneira de um indivíduo comportar-se e interpretar as ações do outro, quando interagindo com parceiros românticos. Assim, as pessoas otimistas como é o caso dos indivíduos seguros, podem contribuir para a longevidade e sucesso dos relacionamentos, enquanto as pessimistas podem, inconscientemente, contribuir para uma dissolução por meio de suas ações e de suas expectativas pouco otimistas (Carnelley & Janoff-Bulman, 1992). Os indivíduos seguros, praticamente não duvidaram da existência do amor romântico, chegando a afirmar que o mesmo não se perde ou diminui de intensidade com o passar do tempo. Portanto, o relacionamento com seus conjugues é via de regra, descrito como um significativo empreendimento de suas vidas, possuindo características de estabilidade, felicidade, confiança e de companheirismo (Feeney & Noller, 1996).

Quanto aos outros estilos de vinculação, os sujeitos com a descrição evitativa relataram possuir as mães mais frias e mais rejeitadoras dos três grupos. Contrário aos indivíduos seguros, que apresentam uma crença positiva com relação aos relacionamentos, os evitativos foram os mais propensos a questionar a natureza do amor romântico e suas caraterísticas de duração possuindo, portanto, uma baixíssima expectativa quanto a sua existência e duração. Isto se deve ao fato de suas experiências amorosas mais importantes terem sido aquelas marcadas pelo medo da intimidade e pela dificuldade de aceitação do outro em relação à sua pessoa.

O que podemos observar, então, é que ocorrem distintos níveis de interação, segundo a visão de muitos autores, em consequência das experiências prévias (e formativas) vivenciadas pelos adultos quando crianças. Portanto, se comparados os três níveis, emergirão distintas estratégias de relacionamento. Os indivíduos evitativos nas interações com o sexo oposto são aqueles que exibiram os menores níveis de intimidade, expressividade emocional positiva e de interação e, consequentemente, os maiores níveis de emoção negativa. Assim sendo, as interações, em vez de fornecerem conforto e contentamento, foram muitas vezes experienciadas como desagradáveis e marcadas por pouca intimidade; o que acarretou menor interação e tempo com membros do sexo oposto, não demonstrando na ausência de um parceiro romântico, uma iniciativa muito expressiva em buscar e conseguir intimidade com outros parceiros. Por isso, tal grupo está sob risco de uma variedade de problemas de saúde física e mental (depressão, alcoolismo, solidão) ou com uma intimidade minimizada (Tidwell, Reis & Shaver, 1996).

Os indivíduos pertencentes ao grupo dos ansiosos-ambivalentes mencionaram seus pais como os mais "injustos" dos três grupos. Disseram, também, serem os mais volúveis e de fácil paixão por outros, apesar de raramente encontrarem um verdadeiro amor; isto aconteceu por acreditarem que poucas pessoas nunca estão dispostas em se comprometer com relacionamentos, como eles o fariam. Assim, nos relacionamentos amorosos mais importantes, quando houveram, foram caracterizados por forte obsessão, ciúme intenso, fortes impulsos de desejo sexual e tendência a assumirem os extremos emocionais. As pessoas ansiosas-ambivalentes experienciaram rápidos períodos de altos e baixos, principalmente, quando em relacionamentos românticos, ficando especialmente satisfeitas e recompensadas quando o parceiro demonstra sinais de afeição e carinho, e tornam-se, especialmente, vulneráveis quando percebem algum tipo de decréscimo ou diminuição destas atitudes, o que as leva a uma contínua vigilância e controle. Desta forma, como a busca pela aproximação tornou-se um empreendimento contínuo, as pessoas ambivalentes reportaram os níveis mais altos de intimidade, superando até mesmo a marca das pessoas seguramente vinculadas, o que reflete o grande desejo por intimidade e aproximação. Elas, também, experienciaram mais variabilidade em emoções positivas e interação estimuladora, possivelmente, sugerindo uma hipersensibilidade a gestos de afeição ou interesse dos parceiros do sexo oposto (Tidwell, Reis & Shaver, 1996).

Certos tipos de envolvimento entre parceiros de diferentes estilos de vinculação podem, usualmente, produzir combinações e resultados interessantes. Feeney & Noller (1996) afirmam que certos padrões de combinação entre vinculações caminham no sentido de confirmar muitas das expectativas do parceiro romantico, por exemplo, no caso dos indivíduos evitativos a expectativa em relação a seus cônjuges (por sua própria natureza ser evitativa), é que sejam muito ligados e, excessivamente, dependentes deles, enquanto os indivíduos ansiosos-ambivalentes esperam parceiros mais distantes e refratários. Outros exemplos dão conta de que os relacionamentos que envolvem um homem evitativo e uma mulher ansiosa-ambivalente possuem uma maior tendência à estabilidade, pois um homem evitativo contempla as expectativas da parceira ansiosa-ambivalente de não serem os parceiros tão preocupados com os relacionamentos, quanto ela demonstra ser e, a mulher ansiosa-ambivalente, por sua vez, acaba por confirmar a crença do parceiro evitativo de que os outros, em um relacionamento ideal, não devem se aproximar em demasia. Outro exemplo prosaico seria o de uma pessoa ansiosa-ambivalente e seu comportamento possessivo. Isso faz com que os seus parceiros românticos se separem por terem uma contínua sensação de falta de segurança e de abandono.

Neste sentido, é interessante perceber o quanto os ciclos interpessoais desadaptativos são mantidos por um longo período sem que possam ser alterados. Em muitas situações, portanto, indivíduos seguramente vinculados sentem-se, naturalmente, mais confortáveis com a proximidade, tendendo a envolver--se em relacionamentos que confirmem suas expectativas das histórias de relacionamentos positivos, afetuosos, interdependentes e receptivos. Indivíduos ansiosos-ambivalentes, por sua vez, desejam uma grande proximidade com seus parceiros românticos, tendendo a se envolver em relacionamentos que confirmem suas expectativas de relacionamentos insustentáveis, inconsistentes, imprevisíveis e dependentes. Os indivíduos evitativos ficam, obviamente, desconfortáveis com proximidade e tendem a envolver-se em relacionamentos que confirmem os modelos mentais frios e rejeitadores, que um dia tiveram com os cuidadores (Feeney & Kirkpatrick, 1996).

Assim sendo, é inevitável concluir que o aprendizado das pessoas, com o passar do tempo, são importantes lições derivadas de suas experiências iniciais da interação e do amor estabelecido com seus cuidadores. Em cada estilo de vinculação específico existirá sempre um aprendizado natural decorrente destas experiências, capaz de influenciar a maneira como as pessoas pensam e se colocam frente aos relacionamentos amorosos em sua vida adulta (Carnelley & Janoff-Bulman, 1992). Tal interferência não contempla, somente, aspectos de presença apoiadora, mas inclui também certos aspectos relativos à ausência deste apoio, assim como todas as outras atitudes que englobam os relacionamentos afetivos.[4]

---

[4] Acredita-se que a ausência da figura de vinculação constitui uma ameaça até mesmo para os adultos, porque a separação cria a possibilidade de que a figura de ligação possa não retornar. Portanto, a separação marital temporária provocará manifestações de estresse de separação e as reações deste adulto tomarão forma semelhante àquelas encontradas nas crianças (Vormbrock, 1993).

7.7. Variantes dos comportamentos de vinculação

O horizonte no qual podemos perceber as condutas de vinculação é extremamente amplo. Se considerarmos que a inclinação "natural" a um determinado tipo de comportamento (de vinculação) será progressivamente delineada com o passar dos anos, então, a forma final assumida tornar-se-á uma tendência *lógica* percebida em várias outras situaçõcs. Vamos explicar melhor: Mikulincer & Orbach (1995) afirmam que os esquemas cognitivos derivados das experiências de vinculação podem influenciar não somente as estratégias de aproximação, mas, também, a maneira como as pessoas lidam com a tensão e seu subsequente ajustamento em uma grande variedade de situações, onde a pressão emocional esteja envolvida. Por exemplo, as expectativas das pessoas seguras de encontrar outros disponíveis, em momentos de necessidade, leva-as a buscar apoio social para lidar com o estresse. Isso as torna mais estruturadas emocionalmente e mais resistentes às situações de desconforto. Em contraste, as pessoas inseguras (evitativas), as quais desenvolveram expectativas negativas e pouco confortáveis sobre a disponibilidade dos outros nas situações de necessidade, tenderão a usar muito mais estratégias de autoenfrentamento em vez de procurarem apoio e segurança nos outros.

Todavia, tal diferenciação não deve ser entendida somente por meio do conceito de tendência, mas antes, um tipo de funcionamento ou nuance cognitivo que interfere na maneira pela qual uma pessoa reage às situações de tensão, mesmo não estando atenta a esta modalidade cognitiva de funcionamento. Por exemplo, certos achados indicam que pessoas seguras possuem (e permitem) uma acessibilidade quase sem restrições às suas memórias emocionais desprazeirosas sem que sejam totalmente molestadas ou desorganizadas por elas. Isto é, elas não se tornam facilmente dominadas por tons emocionais negativos, ainda que estes sejam os modelos dominantes em certas situações. Em outras palavras, os indivíduos seguramente vinculados são aqueles cuja reação a estes sentimentos, mesmo estando sob situações de pressão, é positiva e sua habilidade de enfrentamento capacita-os a não se perderem nestes empreendimentos. Portanto, mesmo sendo uma situação de desconforto emocional, seu estado de equilíbrio é mais intenso e duradouro do que os demais indivíduos pertencentes aos outros estilos de vinculação. Esta propensão faz, segundo Mikulincer & Orbach (1995), com que as pessoas seguras possuam os mais baixos níveis de tensão e ansiedade.

As pessoas com uma tendência ansiosa-ambivalente, por outro lado, reportaram os níveis altos de ansiedade e os mais baixos níveis de defensividade. Por não conseguirem (ou não estarem dispostas a) reprimir seus estados emocionais conflitivos e seus pensamentos negativos, elas experienciam níveis significativamente altos de incertezas. Estas pessoas, também, mostram outro déficit, se comparadas com as seguras, ou seja, a recuperação de suas memórias negativas é um pouco mais restrita e trabalhosa, ao mesmo tempo em que a intensidade emocional ligada a estas memórias é significativamente mais alta. Tal grupo avaliou suas emoções dominantes (circunstanciais) e as não dominantes como altamente intensas. Tais resultados apontam para as renovadas dificuldades em lidar com a regulagem do estresse interior e com o consequente aumento dos níveis de ansiedade (que se tornam muito altos com o passar do tempo). Como estas pessoas não são capazes de se distanciarem de relacionamentos conflitantes e insatisfatórios, também tornam-se operacionalmente incapazes de se afastarem dos estados internos de tensão e de dor, vivendo-os de uma maneira quase que contínua.

Por outro lado, as pessoas evitativas reportaram níveis de ansiedade de moderados a altos e altos níveis de defensividade, insuficientes para reduzir a ansiedade. Quanto ao aspecto memória, Mikulincer & Orbach (1995), afirmaram que as pessoas evitativas exibiram o tempo mais longo para a recordação de suas memórias negativas, mas ainda assim, com a mais baixa intensidade emocional. Estas pessoas parecem usar uma estratégia que poderia ser rotulada de *defensividade não diferenciada*, pois inibem, dificultando ao máximo, o acesso a seus mundos interiores e a memórias emocionais passadas (desconfortáveis, claro). Portanto, o engessamento emocional acaba sendo uma ótima opção de enfrentamento aos altos níveis de ansiedade e resultantes, obviamente, de uma falha na obtenção de uma base segura com as figuras de vinculação em sua infância.

Concluindo, os modelos internos de trabalho tornam-se perceptíveis em vários outros segmentos, estendendo suas influências e manifestando seus nuances nos mais variados acontecimentos. Óbvio torna-se, uma vez mais, que as experiências de relacionamentos com os cuidadores nos nutrem de informação ou, por que não dizer, nos fortalecem com as mais poderosas lições. Carregamos, assim, o que alguns autores chamam de uma "arquitetura emocional", edificada a partir destas representações internas e erguidas por cada indivíduo, ao longo de sua vida.

Um outro interessante estudo conduzido por Mikulincer, Florian e Weller (1993) pretendeu ir ainda mais além, verificando a associação existente entre o estilo de vinculação do adulto e a maneira pela qual as reações às situações de estresse eram estruturadas, mais, especificamente, em algumas situações de ameaça onde o perigo era encontrado concretamente (tais condições foram achadas em uma situação de ataque por mísseis).[5] A tese proposta por estes autores era a de que as experiências precoces de ligação poderiam influenciar as pessoas, não só nos

---

[5] Esta situação foi verificada em Israel, durante a Guerra do Golfo, quando uma cidade foi bombardeada por mísseis iraquianos. Duas semanas após a guerra, foram entrevistados cento e quarenta estudantes israelitas e classificados de acordo com seus três estilos de vinculação. Após esta classificação, as reações foram registradas, sendo expostas a seguir.

aspectos mais genéricos dos relacionamentos, mas causar diferentes tipos de reações frente às situações de ameaça à autossobrevivência. Ou seja, o legado relacional (partindo dos modelos internos de trabalho) poderia, também, permitir entender as situações como passíveis de manejo (ou não) pelo indivíduo em correlação aos tipos de relacionamentos experienciados por ele, anteriormente. Portanto, a visão e as reações exibidas nestas situações de perigo poderiam (ou não) serem entendidas como derivadas destes modelos internos.

No caso dos indivíduos com uma vinculação segura, por terem vivenciado uma boa relação com seus cuidadores, este contato dotou-os de uma boa estratégia de enfrentamento, um forte senso de autoeficiência e uma grande disposição emocional para lidar com situações adversas (cf. Tabela 7). Como estas pessoas sempre administraram suas tensões de uma maneira construtiva na infância, na idade adulta exibem uma grande facilidade em ativar esta habilidade para a resolução das situações de ameaça. Muito provavelmente não refreiam sua raiva e desconforto, expressando suas emoções de maneira não destrutiva (como por exemplo, tendo acessos de raiva, atacando os outros etc.). Em vez disso, expressam suas emoções de maneira apropriada ao nível de estresse apresentado e, além disso, são capazes de buscar, quando precisam, ajuda dos outros (Feeney & Noller, 1996). Estes mesmos indivíduos seguros, nos momentos do bombardeio, manifestaram as melhores reações dos três tipos de vinculação, isto é, foram as pessoas que conseguiram administrar seus sentimentos e suas reações a ponto de estarem sob tensão, mas, ainda assim, exibirem comportamentos de ajuda e de amparo social.

Tabela 7 – Diferenças nos Grupos de Vinculação e os Modelos Internos de Trabalho[6]

Seguro	Evitativo	Ansioso-Ambivalente
Memórias		
Pais carinhosos e afetivos.	Mães frias e rejeitadoras.	Pais injustos.
Crenças e Atitudes Relacionadas a Vinculação		
Poucas autoincertezas; alta autovalorização.	Suspeita dos motivos humanos.	Outros complexos e difíceis de entender.
Normalmente ligado a outros.	Os outros não são dignos de confiança ou leais.	As pessoas têm pouco controle sobre suas próprias vidas.
Outros geralmente bem-intencionados e de bom coração.	Duvida da honestidade e integridade dos pais ou dos outros.	
Outros frequentemente dignos de confiança, leais e altruístas.	Falta de confiança em situações sociais.	
Interpessoalmente orientado.	Não orientado interpessoalmente.	
Planos e estratégias		
Reconhecimento do desconforto.	Administra o estresse cortando a raiva.	Alta amostra de estresse e raiva para obter resposta.
Modulação do afeto negativo de uma maneira construtiva.	Minimiza o estresse relacionado com amostras emocionais; nega revelação íntima.	Solícito e submisso para ganhar aceitação.

---

[6] No intuito de não repetir informações expostas anteriormente, a referida tabela foi citada de maneira parcial, ou seja, foram incluídas apenas os aspectos que seriam de interesse para apresente discussão.

FONTE: Feeney & Noller (1996).

As situações de tensão nas quais, de uma maneira geral, os indivíduos inseguros (evitativos e/ou ambivalentes) estiveram presentes, manifestaram uma diferença, significativa, daquela relatada anteriormente a respeito dos indivíduos seguros. Em função das diferentes reações dos cuidadores, acrescentam os autores, um dos elementos mais presentes nestes indivíduos foi o senso de inadequação pessoal associado à baixa habilidade para produzir o alívio das situações desconfortantes, ou seja, a exemplo de como as experiências precoces destes indivíduos foram marcadas por tensão. Tais pessoas, na situação do bombardeio, reagiram com um alto nível de estresse emocional, mesmo após a ameaça ter findado, ou seja, demonstraram possuir pequena habilidade em controlar suas emoções desconfortáveis, prolongando, assim, seus sofrimentos (Feeney & Noller, 1996). Isso nos faz concluir que a falta de suporte e apoio levou estes indivíduos a desenvolver uma identidade na qual o desamparo e a falta de controle tornaram-se seus traços característicos.

Os adultos evitativos, assim como as crianças evitativas se esquivaram de seus pais nas situações de tensão (por não confiar nos mesmos). No momento do bombardeio utilizaram a mesma estratégia infantil de enfrentamento, isto é, desviaram-se das fontes de tensão, bloqueando deliberadamente suas emoções negativas. É importante recordar que os indivíduos evitativos tendem a minimizar ou desconsiderar muito mais suas reações, sendo menos prováveis de expressar suas emoções ou de deixar que os outros saibam de seu desconforto. Como resultado, apresentam grande dificuldade em buscar ajuda para lidar com emoções negativas (Feeney & Noller, 1996). Utilizaram, assim, segundo Mikulincer, Florian & Weller (1993), um procedimento chamado de *enfrentamento distante*, pois ao tentarem remover os (altos níveis de ansiedade e/ou depressão das situações de ataque aéreo, criaram respostas emocionais ainda desorganizadas, ao mesmo tempo em que tentavam se conter circunstancialmente. Este grupo, todavia, foi o que revelou os maiores índices de doenças ou manifestações somáticas após o ocorrido, pois sua emocionalidade aflorou em outra direção.

Como os indivíduos ansiosos-ambivalentes são muito conscientes de suas reações emocionais, pois este quadro está associado a níveis baixos de autoestima e altos dc ansiedade, os ambivalentes tendem a experienciar mais estresse do que os outros grupos (Feeney & Noller, 1996). Assim, estes foram descritos como os mais vigilantes à origem do estresse dos três grupos e, em alguns quadros, tal vigilância chegou a evoluir para quadros de transtorno de estresse pós-traumático. Como suas reações na infância frente ao cuidador envolviam uma alternação constante de sentimentos (aproximação e distanciamento imprevisíveis), tais indivíduos experimentaram uma verdadeira confusão emocional no momento dos ataques, ou seja, não exibiam uma consistência de comportamentos ao alternar episódios de pânico e desespero ao mesmo tempo que exibiam comportamentos de busca de amparo e ajuda. Desta forma, naqueles momentos de tensão extrema, os ambivalentes não se engajaram em nenhuma atividade constante que pudesse pôr fim ou que os ajudasse a contornar as emoções alternadas, resultando em um maior sofrimento.

Portanto, as diferenças encontradas nas respostas de enfrentamento nos tipos de vinculação parecem nada mais fazer do que refletir as estratégias pessoais de cada estilo em relação ao funcionamento típico dos esquemas cognitivos que cada grupo tem nas mais distintas situações. Assim, as "habilidades" de manejar o estresse, também, são reflexos das estratégias de vinculação e delas derivam muitas das respostas de sobrevivência. Ou seja, a tese da vinculação explica muito mais do que a simples forma de se comportar perante as relações afetivas.

7.8. Conclusão

Todas estas informações nos fazem chegar, uma vez mais, na força das experiências precoces e nas diferentes lições extraídas de nossas vivências com nossos cuidadores. Isso revela a força deste aprendizado e o quanto tal legado fornece uma condição, na qual nossas crenças e suposições gerais de vida são edificadas. Muito mais formativo, então, do que uma orientação de como se posicionar no mundo frente aos relacionamentos afetivos, os modelos internos deixam a sua marca e nos guiam, como um farol, nas mais diversas marés pessoais. Seja nas experiências de calmaria ou nas condições de tormenta psicológica, sempre lá estarão as coordenadas de vinculação, conduzindo-nos neste mundo a servir como verdadeiro norte magnético. Portanto, seremos (quase) sempre muito fiéis a este azimute psicológico.

- Capítulo 8 -

O Terapeuta e os Processos de Vinculação

Um terapeuta reconhece a intersubjetividade da experiência humana. Isto significa, dentre outras coisas, que sempre existem "convidados especiais" no consultório. Os clientes sempre trazem seus "outros significativos" com eles, assim como nós terapeutas. Nossos pais, famílias, amigos, inimigos e professores estão todos lá. Nós raramente temos consciência de suas presenças, é claro, e isto é adaptativo. Mas, significa que o consultório e o relacionamento terapêutico estão fortemente povoados por memórias, antecipações e personagens cujas maneiras de relacionar-se conosco são inegavelmente poderosos ao influenciar como nos relacionamos com os outros.

MICHAEL MAHONEY

8.1. Introdução

As condutas de vinculação, conforme discutimos até o presente momento, são comportamentos encontrados nas crianças desde seu nascimento, ou seja, da simples aproximação corporal do bebê com seu cuidador nos momentos de prazer, às repentinas situações de ameaça e perigo; essas condutas atuam em distintas ocasiões, guiando a criança na busca do amparo e proteção. Funcionando como um verdadeiro mapa psicológico, tais modelos ou matrizes de trabalho atuam de forma indelével, ao guiar muitos outros aspectos da vida diária desde a infância até a vida adulta.

Vale ressaltar que a maioria dos estudos da vinculação tem se detido, primordialmente, aos relacionamentos das crianças com os pais, as estratégias pessoais nos momentos de tensão, as experiências com os parceiros românticos (íntimos) etc. Mas, um outro relacionamento importante de vinculação desenvolvido na idade adulta é aquele encontrado na relação entre o terapeuta e o paciente. Utilizada pelos terapeutas como um elemento facilitador de análise, tais referências ajudam-nos a refinar a compreensão das dinâmicas pessoais de muitos pacientes, conforme descreveremos a seguir.

Trazendo para a pessoa do clínico os medos e ansiedades derivadas de outros importantes relacionamentos de ligação, aquele que busca ajuda, por meio do processo de transferência, procura, muitas vezes, adaptar o terapeuta aos seus modelos de vinculação pregressos (Alexander & Anderson, 1994). Como a busca por uma terapia, usualmente, ocorre em períodos de sofrimento, a aliança terapêutica, que é rapidamente alicerçada nas primeiras sessões, inevitavelmente se fundamentará dentro de pressuposições familiares já experimentadas pelo paciente (Campbell, 1996).

Neste capítulo, aprofundaremos nossas análises em direção a esta relação desenvolvida na psicoterapia, se considerarmos as três diferentes estratégias de ligação.

8.2. O terapeuta e a psicoterapia: uma base segura

Pistole (1989, p. 191) afirma *"que as condições sob as quais o bebê desenvolve um apego seguro são extremamente semelhantes às condições para uma terapia eficaz. Podemos, então, interpretar o conselheiro como aquele que satisfaz as funções de sensibilidade e segurança que foram originalmente buscadas na mãe."* Portanto, semelhante àquela relação onde as crianças procuraram desenvolver com seus cuidadores uma base segura, a conexão estabelecida entre o terapeuta e seu cliente, também, reproduzirá os mesmos níveis e padrões de confidencialidade encontrados em outros contextos. Assim, mais rápido do que possamos imaginar, uma autêntica relação de vinculação é desenvolvida entre o clínico e o cliente nas primeiras consultas. Da mesma forma que ocorre na proximidade entre mãe e filho, no consultório de um profissional de ajuda, os pacientes podem ter a oportunidade de recriar as mesmas modalidades de vinculação anteriormente vivenciadas, cabendo ao terapeuta (no caso de ligações patológicas), a função de desconfirmar os padrões desadaptativos de relação. *"Trabalhando para isto o terapeuta tenta comportar-se como uma figura parental receptiva, atenta, que não é nem intrusa nem rejeitante, nem rejeitante nem controladora, nem castradora nem sedutora, nem esmagadora nem negligente"* (Holmes, 1996, p. 70).

É, assim, por meio da constância, sensibilidade e receptividade do profissional às expressões de desconforto e ansiedade do cliente, que diferentes maneiras de relação vão sendo experimentadas, abrindo espaço para que, progressivamente, o cliente vá sendo familiarizado a (novos) modelos de interação, novas emoções e, porque não dizer, consiga desenvolver estratégias interpessoais alternativas. Portanto, como a ameaça produz na criança a busca de proximidade e contato com seu cuidador, a terapia também tornar-se-a um local, onde se encontra conforto e aconchego nos momentos de aflição. Por exemplo, pessoas que apresentam em sua vida diária uma grande dificuldade em manifestar seus sentimentos de uma maneira mais direta e objetiva, na terapia serão encorajados a expressá-los com mais segurança e determinação. Assim, ao se depararem com a figura do profissional (que pode potencialmente tornar-se uma figura de vinculação), terapeuta que os apoia, encoraja e os aceita, podem, estes clientes, sentirem-se mais livres e menos tensionados do que em outros contextos, onde suas reações não seriam tão desenvolvidas, permitidas ou comunicadas abertamente.

De forma geral, a base que pode vir a ser estabelecida com o clínico, permite aos clientes a verificação das diferenças, a partir do contraste, dos novos modelos de interação frente aos demais, anteriormente, internalizados e delineia-se a perspectiva da mudança psicológica (Farber, Lippert & Nevas, 1995).

O paciente explicita na terapia todas as deficiências, suspeitas e expectativas de perdas que vem vivenciando no decorrer de sua vida. Assim, as características mais evasivas (e por que não dizer refratárias) dos vínculos inseguros, como a evitação e a ambivalência, serão, inevitavelmente, utilizadas como estratégias de proteção na relação com o terapeuta. Haverá uma luta contínua entre os padrões habituais do paciente *versus* a habilidade do terapeuta em fornecer a base segura. Na extensão em que isto acontece, o paciente progressiva e gradualmente vai desativando seus estilos mais inseguros de ligação, enquanto vai sendo constituída simultaneamente nova base interna. Como consequência, próximo à finalização da terapia, é muito provável que o paciente venha a estar mais apto a formar relacionamentos mais seguros com o mundo em seu entorno (Holmes, 1993).

Portanto, da mesma forma que o bebê explora o mundo e retorna à mãe para a busca de segurança e apoio, o terapeuta, também, acaba por servir como um ponto de referência, fornecendo a estabilidade e o conforto requisitado (Liotti, 1991).

Além do mais, à medida em que o paciente relaciona-se com seu terapeuta, vai sendo ele o depositário das mais diversas considerações, uma vez que, na tentativa de se relacionar com o clínico, o cliente procura arrastá-lo em sua direção e ao encontro de seu mundo interno de significados, tentando encaixá-lo nas modalidades e nos padrões mais antigos de conexão interpessoal. Assim, nessa relação, os pacientes esperarão uma interação de vinculação similar aos seus padrões originais com significativas dificuldades crescendo ao redor do conflito entre expectativas históricas e realidade atual (Farber, Lippert & Nevas, 1995).

Todavia, tal processo nem sempre transcorre de maneira tranquila e previsível, pois se considerarmos que os modelos de vinculação que os clientes possuem variam das modalidades seguras às mais inseguras, muitas vezes, a psicoterapia é transformada em uma verdadeira batalha. Inclusive, não é rara esta ocorrência, pois muitos modelos internos de trabalho que são manifestados na relação de ajuda, explicitam certos padrões de refração e de hostilidade para com o mundo, local no qual estão inseridos a psicoterapia e o profissional.

Mallinckrodt, Gantt & Coble (1995) afirmam a este respeito que contribuições recentes feitas por algumas terapias psicodinâmicas breves, apontam que os padrões disfuncionais (interpessoais) do paciente tornam-se, rapidamente, evidentes no *setting* em razão direta da mesma falta de competência social (que causa problemas em suas histórias pregressas), acabarem por aparecer na psicoterapia.

Apesar da estrutura e função explícita do relacionamento terapêutico, alguns indivíduos, reagindo talvez às experiências anteriores de desvalorização, infantilização ou sufocamento, obstinadamente evitam definir-se como "pacientes" necessitando de ajuda ou orientação. Para outros, a exposição às expectativas socioculturais ou familiares de independência, autonomia e invulnerabilidade podem resultar em grandes ambivalências, considerando sentimentos de gratidão ou de dependência de seu terapeuta. Em cada caso, tais pacientes podem responder ao terapeuta como se esta nova figura de vinculação estivesse funcionando como objeto de ligação parental. Para se defender da ansiedade ou sentimentos ambivalentes evocados pelo novo vínculo, tais pacientes podem desvalorizar seu terapeuta ou a terapia, e/ou resistir e se ressentir, até mesmo, das intervenções bem intencionadas do terapeuta (Farber, Lippert & Nevas, 1995). Neste sentido, o terapeuta pode funcionar como uma bondosa ou figura útil de ligação (por ex., como provedor de apoio e aceitação), mas, pode ser experienciado, também, como uma figura perigosa ou ameaçadora e, assim, conscientemente considerado como um igual. O movimento em direção à resolução desta disparidade, frequentemente, é um aspecto essencial da mudança terapêutica.[1]

Portanto, uma vez estabelecido um relacionamento de vinculação com o clínico, esta referência permanecerá operante por longos períodos de tempo, até mesmo nas condições onde a ausência desta figura de apoio se faz presente. Assim, como os pais continuam a ser figuras importantes nas vidas dos indivíduos, mesmo quando, a função original do vínculo

---

[1] Farber, Lippert & Nevas (1995) também sugerem que para algumas mulheres, os homens podem ser mais representativos de um papel de autoridade e de poder, se comparado ao papel das mulheres. A partir desta perspectiva, a resistência que muitas vezes é apontada a terapeutas mulheres, pode estar fundamentada na crença de que as mesmas são incapazes de fornecer suficiente proteção e segurança na vida adulta. A ironia deste raciocínio é que as mães são tipicamente as figuras iniciais de vinculação. Desta maneira, nossa cultura acaba por "permitir" às mulheres servirem como protetoras de bebês e crianças, enquanto, por outro lado, a elas é vetada a representação de papéis que requerem a provisão de sabedoria, força ou proteção para os adultos.

(proteção, sensação de segurança) já foi substituída por alguém mais significativo, similarmente, o terapeuta pode continuar a ser usado pelos pacientes como objeto (mental) de ligação, mesmo após a terapia ter sido formalmente encerrada. Não é rara a descrição de muitos pacientes que finalizam a terapia, particularmente aqueles que consideraram o processo como bem sucedido, continuarem a evocar as representações de seus terapeutas e da situação terapêutica, em momentos de angústia e de tensão ao imaginar o que o terapeuta "estaria dizendo disto ou daquilo" (Abreu, 1999). Portanto, estas representações mentais carregadas das sessões serão então usadas na tentativa de resolver os novos problemas, de uma maneira semelhante àquelas anteriormente utilizadas quando na presença do profissional. O clínico, como outras figuras de vinculação, continua sendo um objeto significativo por extensos períodos de tempo na vida daquele indivíduo, que um dia recebeu ajuda (Parkes, Stevenson-Hinde & Marris, 1991).

Enquanto, um pouco da segurança provida por encontros regulares pode ser moderada pela frustração de ser negado o acesso ilimitado à rotina ou à vida pessoal de seus terapeutas, os pacientes usualmente sentem-se abastecidos com a atenção singular de seu terapeuta durante o curso de cada sessão. De fato, quando os pacientes pensam em seus terapeutas entre as sessões, muito frequentemente sentem uma sensação de conforto, segurança e aceitação; tipicamente, também, experienciam sentimentos de auxílio, esperança e amor.

Para além destes processos de transferência, frequentemente encontrados, a psicoterapia produz sistemáticas rupturas advindas das eventuais separações que fazem parte do processo. A interpretação desta interrupção, também, sofrerá interferências derivadas dos estilos de vínculos característicos de cada pessoa (expressos por meio das expectativas e atitudes). Desta maneira, sentimentos de raiva, desamparo ou mesmo abandono são, frequentemente, encontrados nos episódios de separações breves. Portanto, muito mais presente do que podemos imaginar, as referências pessoais de relação, tornam-se poderosos *vieses interpretativos*, nos quais a realidade externa é continuadamente interpretada.

De uma maneira geral, o entendimento empático do clínico frente a estes sentimentos, assim como, sua disposição e habilidade para tolerar e administrar estas fortes respostas, podem, não apenas favorecer a dissipação dos sentimentos de abandono, mas também, fomentar o novo relacionamento de vinculação com o profissional.

8.3. O cliente: sua história pessoal criando dinâmicas na psicoterapia

Farber, Lippert & Nevas (1995) afirmam que um cliente ambivalente tende, muito mais do que qualquer outro, a questionar a utilidade de se continuar a terapia após a volta do terapeuta de suas férias, ao passo que um cliente seguramente vinculado discute o quanto se sentiu vulnerável durante a ausência e a separação do profissional. Uma vez que experiências de abandono, medos de dependência ou rejeição são comuns a todos os relacionamentos significativos, a psicoterapia como um processo, também, não fugirá a esta regra. *"O terapeuta é, realmente, um objeto de intenso afeto durante a formação, manutenção, ruptura, renovação e perda do relacionamento, de maneiras geralmente consistentes com os relacionamentos precoces"* (Farber, Lippert & Nevas, 1995, p.210). Portanto, ainda que, a teoria do vínculo tenha suas raízes fora do contexto clínico, a natureza da situação terapêutica, particularmente a ansiedade evocada pela nova relação e suas eventuais rupturas, farão precipitar o aparecimento dos velhos padrões de ligação.

Assim, um clínico desavisado destas flutuações ou mesmo impossibilitado de lidar com um mínimo de habilidade a tais dinâmicas, muito provavelmente, comprometerá a aliança de trabalho, colocando em risco o processo de ajuda. Desta forma, o terapeuta que responde a um paciente hostil de maneira complementar, ou seja, com reações semelhantes de hostilidade, opondo-se frequentemente às suas opiniões, acabará por confirmar a visão do paciente de que os outros são hostis e que, via de regra, até nesta nova relação haverá alguém (no caso, o profissional de ajuda) que obstruirá o desenvolvimento do bom contato (Mallinckrodt, Gantt & Coble, 1995). E, ainda, se estivermos na presença de um profissional que reage com refração a um paciente emocionalmente retraído, acabará este clínico por confirmar a visão do paciente de que os outros não são emocionalmente disponíveis e comprometidos, perpetuando, assim, o ciclo vicioso disfuncional.

Holmes (1996), por exemplo, afirma que no trabalho com pacientes evitativos, a primeira tarefa seria a de tentar estabelecer algum tipo de contato emocional. Nestas condições, o terapeuta pode sentir que ele e o paciente estão cautelosamente se estudando ao mesmo tempo em que as sessões poderão parecer vazias e de difícil recordação. O paciente pode, inclusive, fazer com que o terapeuta seja rejeitante em assumir uma pseudointimidade que não corresponde à expectativa do clínico.

Por outro lado, os pacientes ambivalentes são altamente dependentes. O terapeuta pode se sentir sufocado ou coibido a rapidamente ajudá-lo, em vez de ouvi-lo ou entendê-lo. É possível que esta exigência crie níveis significativos de desconforto pela conexão prematura que é demandada pelo cliente ou mesmo que o profissional seja invadido por uma sensação de incompetência em promover algum tipo de ajuda ou intervenção psicológica mais estruturada. O paciente evitativo poderá responder à pausa na terapia por meio de sessões retaliadoras esquecidas, sugerindo que as distâncias não têm consequências maiores. O paciente ambivalente, ao contrário, se tornará altamente desconfortável em relação a qualquer separação e poderá requerer ajustes especiais de "cuidado" de outros profissionais de saúde mental durante pausas longas.

Tais considerações não param por aqui. Outros dados sugerem que os comportamentos negativos do terapeuta, observados como reações ao negativismo e hostilidade aos "pacientes difíceis", estão associados a um resultado pobre ao final da terapia (Suh, O'Malley, Strupp & Johnson, 1989). Portanto, torna-se imprescindível que o clínico esteja extremamente atento a estes modelos de ligação, que implicitamente direcionam a capacidade de avaliação do cliente, pois, as mudanças nos níveis de entusiasmo e de exploração por parte do profissional, são diretamente associados à "participação" (estilos) dos pacientes no transcorrer da psicoterapia.

Assim, das pequenas às grandes rupturas, conforme o profissional contratransfere, não percebendo determinados comportamentos do cliente, desencontros seguramente tomarão lugar. "*As rupturas*", segundo Safran e Muran (1996, p. 447), "*variam na intensidade, duração e frequência, dependendo de uma díade particular de terapeuta/cliente. Em alguns casos, elas podem acontecer indetectadas pelo terapeuta ou permanecerem fora da percepção consciente para o paciente e, podem, assim, obstruir o progresso terapêutico (...). Em alguns casos mais extremos, elas podem levar à desistência ou a um tratamento fracassado.*"

Concluindo, a falta de uma sensibilidade mais ampla a estas questões por parte do profissional, pode levar os pacientes a responder ansiosa e raivosamente, além de contribuir inevitavelmente a um processo de ruptura, pois, as mesmas situações que são encontradas na vida cotidiana, também, serão detectadas dentro de uma psicoterapia. Algumas pesquisas sugerem que quanto maior for a resistência de um cliente em confiar nesta nova relação, maiores serão as possibilidades do terapeuta em manifestar a sua crítica (Farber, Lippert & Nevas, 1995). Desta maneira, para além dos processos de confiança e de entrega trazidas pelo cliente, determinadas condutas frente a estas respostas, também serão evocadas no terapeuta, fazendo com que esta "relação" torne-se uma dinâmica muito mais complexa do que poderíamos imaginar.

8.4. Terapeuta e cliente: aspectos relacionais

Alguns clínicos e teóricos da psicoterapia acreditam que o relacionamento que se desenvolve entre o terapeuta e o cliente é a *essência* de um tratamento efetivo. Outros acreditam que, embora o relacionamento não seja uma condição tão basal, ele fornece uma alavanca significativa para a implementação das técnicas terapêuticas (Beck, 1995). Independentemente da posição adotada, se o relacionamento é o ingrediente essencial da terapia ou um método para um fim, existe uma notável concordância de que o relacionamento cliente/terapeuta exerce um papel importante nos resultados do tratamento psicológico.

Assim sendo, a falta de habilidade do clínico para identificar e criar um contexto de segurança e de exploração pessoal, como por exemplo, atitudes que sistematicamente visam o aumento do foco em pontos discordantes aos do paciente, bem como a disposição para opor-se ao ponto de vista do mesmo (Mallinckrodt, 1996), são fortes indutores de um relacionamento fracassado e pouco favorecedor de mudanças.

A literatura publicada sobre estes assuntos é muitas vezes escassa e a maioria dos clínicos, ainda, são incapazes de verbalizar ou conseguir operacionalizar as bases nas quais a postura interpessoal é construída para os diferentes clientes. Embora, muitos clínicos experientes possam, intuitivamente, tentar construir sua postura relacional com clientes individuais, existem poucas publicações que tentam sistematizar ou clarificar este processo. Sugerido por Gelso & Carter (1994), tanto a transferência quanto a contratransferência ocorrem em todas as terapias e podem ser benéficas, neutras ou destrutivas, dependendo de sua natureza, valência e de como são tratadas pelo terapeuta. Embora a transferência e, mais recentemente, a contratransferência tenham sido submetidas a quantidades enormes de teorias ao longo dos anos, ambas têm sido empiricamente muito negligenciadas.

Um conceito mais recente para se explicitar as trocas que ocorrem na relação é o de aliança terapêutica. Safran, Muran e Samtag (1994) afirmam que o conceito da aliança terapêutica, inicialmente, originou-se da literatura psicanalítica e nos últimos 10 anos, tem se tornado um tópico de crescente interesse entre os teóricos da clínica e pesquisadores em geral. Um importante colaborador no desenvolvimento destas ideias foi Bordin (1979) que, sugeriu ser tal fator, fundamental nas mais variadas formas de sucesso em psicoterapia. Afirma que a força da aliança é uma resultante direta do grau de concordância estabelecido entre o paciente e o terapeuta a respeito da (a) tarefa, (b) meta e dos (c) vínculos desenvolvidos no processo clínico. Embora o desenvolvimento de uma aliança positiva não ocorra, imediatamente, após o início da terapia, resultados de várias investigações sugerem que o desenvolvimento de uma aliança, é necessário antes que se possa esperar qualquer tipo de êxito no processo de psicoterapia. Assim, Bordin (1994) afirma que é razoável pensar na aliança, como uma série de "janelas de oportunidade" que vão se abrindo e, que decrescem em tamanho a cada sessão, o que vem a pedir por inevitáveis ajustes nos procedimentos adotados pelo terapeuta no trato com seus clientes.

Isto nos leva a concluir que os elementos técnicos e de relacionamento são fatores interdependentes e mutuamente catalíticos de um bom resultado. Henry & Strupp (1994) ofereceram quatro características principais para a constituição da aliança de trabalho, a saber:

1. O terapeuta como fomentador das qualidades humanas;
2. Tais qualidades, uma vez desenvolvidas, permitiriam o acesso ao cliente, pois, estaria sendo utilizada a mesma base emocional, na qual o relacionamento entre pais e filhos foi estabelecido e, na qual, o clínico a utilizaria ao mesmo tempo como modelo e/ou ferramenta de um processo de mudança;
3. Dentro do contexto do relacionamento terapêutico, ocorreria um novo aprendizado experiencial que, antes de mais nada, seria aperfeiçoador dos velhos relacionamentos pois, por meio do processo de desenvolvimento, imitação e identificação com o clínico, se dariam novas maneiras possíveis de se experienciar uma interação, e finalmente;
4. Este sucesso seria fruto deste aprendizado, e dependeria das qualidades preexistentes do paciente que permitiriam, pelo menos, o desenvolvimento de um primeiro nível de confiança e abertura.

Portanto, tanto o paciente como o terapeuta acabam envolvidos na formação de uma boa aliança, contribuindo diretamente para o bom resultado final do processo psicoterapeutico, sendo que o estabelecimento de uma base depende da interação entre paciente e terapeuta. O próprio fato de que alguém está buscando ser ajudado na psicoterapia pode denotar que esta mesma pessoa possa ter tido grande dificuldade no passado em estabelecer tal base de segurança e apoio (Holmes, 1993).

Os tipos de relacionamentos e as suas respectivas problemáticas trazidas pelo cliente ao contexto clínico, tornam-se, em certo sentido, uma questão secundária (embora não sem importância), se considerado à luz do processo de relacionamento atual entre o cliente e o terapeuta. Ocorre que em uma grande maioria das vezes, tal ligação torna-se muito mais responsável pela mudança pessoal do cliente, do que aquelas apresentadas na história de vida, independentemente da etiologia envolvida no processo terapêutico (Henry & Strupp, 1994).

Teríamos, então, como elemento emergente, um processo autenticamente "interativo" entre as partes, ou seja, entre aquele que busca e aquele que oferece ajuda. Neste sentido, isso nos leva ao ponto em que as histórias de relacionamento passadas, tanto as do paciente quanto as do profissional, são variáveis altamente relevantes no estabelecimento desta nova relação, determinando significativamente a probabilidade de resultados benéficos ou destrutivos. Considerando que a aliança é, ao mesmo tempo, interpessoal e interativa, a habilidade e a história passada não só do cliente, mas também, do terapeuta podem desempenhar um papel importante nesta configuração. Tais conclusões, ao contrário do que pensávamos, nos revelam o terapeuta como uma figura de suma importância para a obtenção de resultados positivos e para a mudança efetiva ocorridas na psicoterapia.

A este respeito, alguns interessantes dados, apontaram para o fato de que terapeutas mais experientes não são, necessariamente, aqueles mais bem sucedidos no desenvolvimento de uma boa aliança. Considerando que o aumento da aliança está associado ao decréscimo da sintomatologia, torna-se fundamental que tal constructo seja observado com mais critério (Gaston & Marmar, 1994). Em um estudo de Sloane, Staples, Cristol, Yorkston & Whipple (1975) (citado por Raue & Goldfried, 1994), o qual avaliava aspectos da aliança terapêutica, 70% dos pacientes bem sucedidos reportaram como elementos primordiais à sua mudança pessoal, os seguintes itens:

1. A personalidade do terapeuta.
2. Serem auxiliados pelo terapeuta para entenderem seus problemas.
3. Encorajamento para gradualmente praticar o ato de enfrentar as coisas que os aborrecem.
4. Serem capazes de falar com uma pessoa compreensiva.
5. Ter alguém que os ajudasse a se entenderem.

Portanto, recai sobre o profissional de ajuda, não somente a responsabilidade de conduzir o processo de maneira que a aliança venha ser estabelecida, mas de zelar por uma atmosfera de apoio e de camaradagem, integrando a sua história passada, de maneira que a mesma se torne um elemento dinamizador e não limitador, ao interferir negativamente no *setting* terapêutico. Se os clínicos, efetivamente, *são* mais amistosos (e não somente *aparentam*), é provável que os clientes tendam a considerar com mais tranquilidade as colocações de seu terapeuta. Desta forma, ao sentirem-se menos vigiados, a "personalidade do clínico", torna-se um elemento fomentador e, por que não dizer, previsor de bons resultados.

Henry & Strupp (1994) afirmam haver um sistemático relacionamento entre as reações pessoais do terapeuta frente ao paciente e a qualidade de suas comunicações, impressões diagnósticas e planos de tratamento. Por exemplo, atitudes negativas em relação ao paciente foram associadas a comunicações não empáticas e julgamentos clínicos desfavoráveis. Outros dados sugerem que quando o cliente percebe seu terapeuta como mais controlador e menos sociável, o terapeuta está na realidade, tratando seu cliente com muito mais cautela pois pontua as reações negativas muito mais intensamente do que as positivas (Multon, Patton & Kivlighan, 1996). Portanto, muito mais do que podemos imaginar, os *fatores pessoais* do clínico, contribuem, expressivamente, para o resultado final da psicoterapia.

8.5. As experiências pessoais passadas e a psicoterapia

Quando pensamos no processo terapêutico e nos muitos artigos existentes sobre o assunto, percebemos que a ênfase à literatura é quase sempre voltada para o cliente. Por exemplo, quando encontramos conceitos como "processo empático", "referência positiva incondicional" e "aceitação incondicional" para descrever o processo como um todo, estes conceitos, entretanto, definem no máximo, a *postura* do terapeuta, não deixando claro outros aspectos do relacionamento entre terapeuta e cliente.

Na literatura existente, não encontramos muita informação sobre a influência mútua dos comportamentos do paciente e do terapeuta. Tradicionalmente, encontraremos o conceito de *transferência*, significando conflitos passados relativos à relacionamentos anteriores expressados por meio de pensamentos, atitudes e comportamento que são transferidos ao terapeuta. Por outro lado, o conceito complementar de *contratransferência* sugere que, não somente, os clientes experienciarão alguns sentimentos em relação ao terapeuta, mas o terapeuta, também, experienciará sentimentos em relação ao cliente (Gelso & Carter, 1994). Então, temos duas forças opostas influenciando diretamente os resultados da terapia. Isto faz com que esta interação torne-se muito mais fundamental para o sucesso da terapia do que podemos imaginar. Surpreendentemente, de acordo com Lazarus (1993), a pessoa do terapeuta vem sendo negligenciada por muitos anos, permanecendo aberta a muitas das questões importantes a respeito das dinâmicas do próprio terapeuta.

Na literatura psicológica (Neimeyer & Mahoney, 1997; Gonçalves, 1998), geralmente encontramos artigos, nos quais pacientes são considerados como indivíduos com bases singulares, reações, narrativas, emoções etc. E nós, como terapeutas, tendo que respeitar esta variação pessoal. Mas, como podemos ser tão flexíveis, considerando que, também, temos nossos estilos pessoais? Como podemos lidar com a diversidade humana, se sempre somos os mesmos em nossa singularidade?

É claro que tentamos desenvolver alguma flexibilidade, como apontado por Lazarus (1993), quando diz que supostamente seguimos o exemplo do camaleão, adaptando-nos a cada situação em vez de ajustar nossos clientes ao tratamento. Mas, não existe limite para isso?

Mahrer (1993), por exemplo, na terapia experiencial acredita que, cada processo é absolutamente flexível, único e construído para cada paciente. Embora o psicoterapeuta possa, com treinamento e experiência, aprender a se portar de diferentes maneiras, existem, em nossa opinião, certos limites *reais* de quanto uma mudança pode ser obtida por um clínico. Ou, dito de outra maneira, existem algumas trajetórias de desenvolvimento e estilos de atividade interpessoal do clínico que são mais difíceis de serem mantidas por mais tempo do que outras menos naturais. Desta forma, por ser relativamente difícil a mudança de estilos de paciente para paciente e de sessão para sessão, a flexibilidade pessoal do profissional, também, se depara com certas dificuldades pessoais (Mahoney & Norcross, 1993).

Mahoney (no prelo) menciona uma temática muito similar a esta quando nos pergunta: Quais seriam os critérios para definir se estamos em equilíbrio e harmonia com nossos clientes?

Nos estudos sobre a aliança proposta por Horvath e Greenberg (1994), vemos que, quando ocorrem similaridades e o terapeuta é capaz de criar uma boa aliança com o paciente, os resultados serão positivos (Holmes, 1993). Outra perspectiva sugere que até mesmo quando o terapeuta tem um alto nível técnico, a psicoterapia não é efetiva, a menos que o terapeuta consiga ser carinhoso e simpático. Pacientes que tiveram experiências bem sucedidas em psicoterapia, usualmente, descrevem seus terapeutas como carinhosos, atenciosos, interessados e respeitadores.

Para enfatizar esta ligação, existe uma importante teoria chamada *Teoria Interpessoal*, que, dentre outras coisas, sugere que, quando temos duas pessoas interagindo, elas influenciam seus comportamentos mutuamente. O comportamento evocará certas reações da outra pessoa, isto é, quando a pessoa "A" é ríspida com a pessoa "B", a pessoa "B" fica mal-humorada ou se justifica. O conhecido *princípio complementar*, que faz parte desta teoria, tem sido usado para conceituar o dilema das pessoas depressivas. Quando uma pessoa depressiva expõe seu desconforto, dando a impressão de submissão e desamparo, o ouvinte, em muitos casos, reage com atitudes dominadoras no desejo de reduzir o desconforto desta pessoa depressiva. Esta reação de dominação, então, atrai sentimentos de submissão e desamparo, reforçando os sentimentos depressivos nas pessoas deprimidas (Horowitz, Rosenberg & Bartholomew, 1993).

Torna-se óbvio que o vínculo desenvolvido entre o profissional e o cliente é extremamente importante para o processo terapêutico e quanto mais rápido este vínculo é construído, mais rápido diminuirão os sintomas. De acordo com um estudo descrito por Henry & Strupp (1994), os terapeutas que experienciaram eventos desagradáveis com seus pais, na infância, são aqueles que expressarão mais crítica e negligência com seus pacientes, demonstrando um alto nível de comportamento desafiliativo. Estes terapeutas mostraram, em sua prática, serem mais hostis e dominadores do que outros, fazendo com que seus clientes desenvolvessem altos níveis de autocrítica, ou seja, viabilizam a mudança por meio da instalação de sentimentos de culpa em seus pacientes.

Baseado em tais percepções distintas de um relacionamento, um terapeuta poderia persistir com as intervenções que poderiam ter sido abandonadas anteriormente, se o processo, e até mesmo a própria aliança, tivessem sido corretamente avaliadas. *"Parece ser uma necessidade óbvia examinar como os terapeutas for-*

mam opiniões sobre a aliança, e sob quais condições estas percepções são mais prováveis de diferir das do cliente" (Safran, Muran & Samtag, 1994, p. 267). A atitude pessoal do terapeuta vem, portanto, contribuir em demasia para os resultados finais da psicoterapia (Horvath & Greenberg, 1994).

Para apoiar estes achados, outra investigação mencionada por Dunkle & Friedlander (1996) mostrou que uma base negativa de apoio do terapeuta contribuiu para resultados pobres no fim da terapia, isto é, houve pouca ou nenhuma mudança pessoal. Inversamente, aqueles terapeutas que experienciaram altos níveis de apoio pessoal positivo e sentiam-se confortáveis com a proximidade, foram aqueles capazes de criar um bom vínculo no início do tratamento, obtendo os melhores resultados no processo de mudança de seus pacientes.

Portanto, as bases pessoais, tanto do terapeuta quanto do cliente, interferirão (para o bem ou para o mal) nos resultados do tratamento. Assim, podemos concluir que se os terapeutas não entendem suas próprias questões, desenvolvendo baixa coerência pessoal (e emocional), terminarão produzindo resultados não tão satisfatórios quanto outros clínicos mais estáveis e receptivos.

Para que essa discussão possa ser melhor compreendida, é inevitável que pensemos na referência de Bowlby, quando mencionou os modelos internos de trabalho ao afirmar que o padrão de resposta que manifestamos em nossa vida adulta, será uma decorrência direta das qualidades de vinculação que tivemos em nossa infância (Multon, Patton & Kivlighan, 1996).

Da mesma maneira que o cliente explicita suas estratégias pessoais no consultório, é muito provável que o profissional de ajuda, também, manifeste um determinado padrão de vinculação com seu cliente, fruto de suas experiências pregressas de vinculação. Uma vez que em sua história de vida, este profissional, também, desenvolveu um estilo certo de apego, muito provavelmente estas características se farão presentes na nova relação, direcionando em muito o estilo, com o qual será estabelecida a ligação.

Dito em outras palavras, as estratégias "selecionadas" pelos clínicos também são definidas, em grande parte, a partir de suas histórias pessoais, decorrentes de suas estratégias de vinculação anteriores. Em nossa opinião, este legado será fruto da própria história particular do terapeuta e suas próprias predisposições relacionais (por exemplo, o estilo de vinculação, o movimento de contratransferência etc.).

Portanto, algumas evidências sugerem que as experiências de vinculação influenciam tanto o cliente quanto o terapeuta na formação de uma aliança produtiva de trabalho. Por meio da ativação e do funcionamento dos modelos de trabalho de cada um, a psicoterapia vai sendo, gradualmente, delineada.

8.6. Os modelos de apego do clínico e as interferências no processo terapêutico

Conforme mencioamos anteriormente, muito pouco tem sido pesquisado para identificar como o modelo de vínculo do clínico influencia o desenvolvimento do tratamento (Multon, Patton & Kivlighan Jr., 1996). Hesse (1996) sugere que se o terapeuta tem um modelo interno de trabalho diferente do cliente, provavelmente, ele enfocará principalmente aqueles aspectos associados ao *seu* modelo pessoal em vez do modelo do *cliente*. Então, muito mais aspectos envolvidos no tratamento, também, serão influenciados pelas dinâmicas de ligação do próprio clínico que, mesmo de maneira indelével, estarão direcionando o sentido de uma psicoterapia (Liotti, 1991). Uma pessoa, por exemplo, que apresenta um modelo evitativo, será mais difícil de se aproximar de outras com modelos ambivalentes e/ou seguro, pois sendo evitativa, naturalmente rejeitará as tentativas de contato (Horowitz, Rosenberg & Bartholomew, 1993). E, neste caso, vale uma pergunta: se estivermos sendo submetidos a uma terapia com um clínico evitativo, como seria o tratamento por ele oferecido? Como seriam suas ideias e suas visões a respeito das melhores estratégias de mudança? Ou mesmo, como seriam suas visões a respeito dos méritos que envolvem um relacionamento pessoal?

A questão é que, com uma grande possibilidade, tais clínicos inseguros, como não tiveram modelos seguros de ligação com seus pais na infância, não terão uma ativação fácil de seu sistema de vinculação na idade adulta e, obviamente, no ambiente terapêutico. Conforme mencionado, separações sistemáticas vividas por uma criança na primeira infância podem favorecer o aparecimento de determinadas reações psicológicas, as quais serão marcadas pela manifestação de comportamentos de desapego e de refração, ou seja, ela está nada mais do que pretendendo alcançar um estado de equilíbrio interno junto ao meio ambiente, frente aos sucessivos "abandonos" por ela experimentados. Desta maneira, progressivamente, esta criança em seu passado (hoje, este provável terapeuta) excluirá ou se afastará de todas aquelas circunstâncias que possam vir a disparar (acionar) os sistemas de vinculação, uma vez que eles, se ativados, não seriam satisfeitos. Assim, ao manter-se evitativo em seus estilos de relacionamento, provavelmente, não será a figura mais indicada ao fomento da mudança pessoal de seus pacientes. Isso não o invalida, evidentemente, como profissional de ajuda, mas não lhe dará um lastro emocional suficiente para se adaptar às mais variadas demandas de seus pacientes. Desta forma, será este um profissional mais inclinado a desenvolver opções mais "ortodoxas" de psicoterapia, pois esta estratégia o "protegerá" das intimidades e dos contatos mais próximos, elemento este tantas vezes de fundamental importância à mudança do paciente.

Desta forma, os profissionais que passaram por experiências negativas de vínculo são os que, muito provavelmente, mostrarão os mais altos níveis de hostilidade velada em relação aos seus clientes (Dunkle & Friedlander, 1996). O apego na idade adulta é concebido aqui como a organização de experiências ou como o "estado da mente em relação ao apego" de uma pessoa, o que, muito provavelmente, associa a organização de apego dos terapeutas com suas intervenções clínicas (Dozier, Cue & Barnett, 1994).

Assim, complementando nossa resposta, a eficácia da psicoterapia conduzida por um profissional evitativo terá mais chance de tornar-se ineficaz, vindo a ser um processo marcado por uma aliança pobre, caracterizada por explanações muito complexas e uma complementaridade negativa (Horvath & Greenberg, 1994). Uma vez que estes profissionais são clínicos, inseguramente vinculados (respondendo-se às estratégias dos clientes), eles acabam por manter o ciclo interpessoal disfuncional, uma vez que as expectativas negativas dos clientes serão sempre supridas.

Por outro lado, as introjeções mais positivas, fomentam a habilidade do terapeuta em conectar-se emocionalmente com o cliente. Terapeutas com mais apoio social, amigos, membros da família e colegas apresentam mais habilidade na criação de relacionamentos íntimos com seus clientes, logo no início da terapia. Alguns dados apontaram que o vínculo componente da aliança foi unicamente previsto pela extensão e qualidade da rede social do terapeuta e por sua habilidade em desenvolver relações próximas com outras pessoas. A descoberta de que os clientes, cujos terapeutas reportaram mais conforto com intimidade, avaliaram o vínculo terapêutico mais favoravelmente (Dunkle & Friedlander, 1996).

A segurança dos terapeutas parece particularmente importante em sua habilidade de responder terapeuticamente às necessidades individuais dos clientes. Os profissionais que são mais seguros (do ponto de vista da teoria do apego) são os mais capazes de detectar e responder às necessidades subjacentes dos clientes, enquanto que clínicos que são mais inseguros respondem a uma apresentação mais óbvia (e imediata) de necessidades. Os pacientes diferem entre si em como se apresentam aos terapeutas; os clientes que são evitativos mostram-se invulneráveis e os clientes ambivalentes revelam-se carentes e dependentes. Estes achados sugerem que os profissionais que são mais seguros, serão os mais capazes de "utilizar a contra-transferência", refletindo positivamente sobre o que os clientes provocam neles e fornecendo *feedback* não complementar às dinâmicas desadaptativas dos pacientes.

Por outro lado, os clínicos que são inseguros parecem ouvir o chamado das estratégias de apego do cliente e reagir em concordância a elas. Suas intervenções condizem com as expectativas do cliente em relação aos outros e, complementam as estratégias comportamentais desadaptativas do cliente. Por exemplo, clientes que se apoiam mais em estratégias negligentes apresentam-se como invulneráveis, achando os clínicos que cuidam deles, como intervindo de maneira mais superficial.

Talvez uma característica importante dos clínicos que são mais seguros seja sua disposição em intervir de maneira que possam ser desconfortáveis para si próprios. Diferenças na disposição para agir de forma desconfortável foram observadas por outros clínicos, em descrições de dois terapeutas que variavam de forma dramática em eficiência. O clínico eficiente intervinha mais com os pacientes que mais precisavam dele, enquanto que o clínico, inseguramente vinculado intervinha mais com aqueles que menos precisavam de sua ajuda.

Embora, se discuta que o clínico que é mais seguro forneça ao cliente um *feedback* não recíproco, que deve facilitar uma mudança, é plausível que indivíduos com graves transtornos psicopatológicos respondam a tais desafios de forma negativa.

Achados relativos à segurança dos clínicos sugerem que aqueles que são mais inseguros passam por uma contratransferência complementar, ou seja, eles respondem de uma forma complementar às estratégias interpessoais de seus clientes. Uma forma adicional, também obstrutiva de contratransferência, parece caracterizar os clínicos que se apoiam, vigorosamente, em estratégias preocupadas ou negligentes. Esta forma de contratransferência encaixa-se na definição clássica do termo, na qual as reações do clínico foram consideradas uma função de seus próprios problemas, em vez de uma interação com os problemas do cliente (Dozier, Cue & Barnett, 1994).

Tais considerações, todavia, não se limitam somente ao modelo de vinculação do clínico, mas também, às consequências práticas para os planos de tratamento. Assim, se o terapeuta é muito crítico, colocando excessivas demandas para mudança ou agindo descuidadamente em relação às dificuldades que o paciente esteja experimentando, muito provavelmente, o cliente atribuirá características situacionais negativas ao seu terapeuta e à interação como um todo (o que na realidade poderá estar, efetivamente, acontecendo). Assim, a organização do vínculo do clínico está relacionada diretamente com a intensidade de suas intervenções e planos de tratamento por ele arquitetados (Dozier, Cue & Barnett, 1994).

Portanto, se o clínico não possuir um limiar razoável de ativação de seus sistemas de ligação, não estará ele tão sensibilizado às questões de busca de apoio e de segurança. *"Se os pacientes acreditam, indiferentes à exatidão desta crença, que o terapeuta não está agindo em seus melhores interesses, transformações pró-terapia serão menos prováveis de ocorrer e os clientes se comportarão de acordo como percebem seus próprios resultados"* (Dolce & Thompson, 1989, p. 120).

Da mesma forma, certos processos similares de transformação advindos da terapia, também, ocorrerão a partir da perspectiva do clínico. O terapeuta intimamente, também, observará o comportamento do cliente, fazendo, logicamente, avaliações de suas características disposicionais, as quais, por sua vez, influenciarão a maneira como o terapeuta procederá com relação ao andamento da terapia. Ou seja, um paciente não tão motivado (ou concordante) será percebido como não propenso ou até mesmo não tão "pronto para a mudança", fazendo com que o terapeuta dedique menor grau de esforço no sentido de atingir completamente o problema apresentado (Dolce & Thompson, 1989). Portanto, talvez, o cliente não coopere em função de não estar se sentindo acolhido e respeitado e, não por apenas ser "resistente". Desta maneira, um grande ciclo interpessoal disfuncional estará sendo constituído. A direção na qual uma terapia caminha não pode ser facilmente separada do contexto nos quais tomam lugar os acontecimentos da relação terapêutica.

Dunkle & Friedlander (1996) afirmaram que os terapeutas que reportaram maiores níveis de introjeções hostis, foram mais prováveis em trocar mensagens verbais contraterapêuticas nas sessões e seus clientes foram aqueles que relataram os maiores resultados negativos e/ou não mudaram ao final do processo. *"Especificamente, os clientes cujos terapeutas reportaram menos hostilidade, mais apoio social e maior conforto com proximidade, foram mais prováveis em reportar um vínculo emocional forte logo no começo do tratamento. Por outro lado, contrário à previsão, a experiência do terapeuta não foi unicamente preditiva das avaliações dos clientes no objetivo e componentes de tarefa da aliança"* (p. 459).

Terapeutas, tanto como os clientes, trazem ao processo terapêutico uma história pessoal que afeta, inevitavelmente, suas interações. Teoricamente, a qualidade de uma relação interpessoal é baseada nas expectativas internalizadas sobre como os outros agem, e estas expectativas internalizadas, ou introjetadas, são aprendidas a partir de repetidas interações precoces com os outros. Se as introjeções são negativas, as relações com os outros tendem a ser afetadas negativamente. Os achados, de que a hostilidade autoreportada foi a única contribuição para as avaliações dos clientes, do vínculo emocional, sugerem conforme descrito anteriormente, que alguns terapeutas comportam-se de maneira que a hostilidade, de alguma forma, seja comunicada (Safran & Muran, 2000).

Além destes resultados, outra importante evidência foi observada por meio das mesmas dinâmicas complementares que fazem os pacientes desenvolverem introjeções autoperpetuadas, terapeutas com introjeções hostis quanto à sua história passada e seus pais na infância, são aqueles que se comportaram de uma maneira mais crítica ou negligente em relação aos outros, incluindo seus próprios pacientes. Terapeutas que agiram com hostilidade em relação a si mesmos, encaixaram-se por três vezes mais no mesmo processo interpessoal desafiliativo com seus clientes do que outros terapeutas (5,6% *versus* 17,7%). Além disso, houve uma forte correlação entre o número de afirmativas do terapeuta, que foram hostis e controladores, e o número de afirmativas de crítica e autoculpa feitas pelos pacientes ($r = 0,53$, $p < 0,05$). Portanto, segundo Henry & Strupp (1994), estes achados descrevem uma ligação teórica coerente entre as ações precoces dos pais com o comportamento do terapeuta em sua vida adulta, facilitando em muito os processos interpessoais de contratransferência. Portanto, a complementaridade interpessoal negativa fornecida pelo terapeuta pode, de certa maneira, prevenir a criação de um vínculo mais seguro naqueles pacientes que poderiam ter tido a capacidade para o vínculo, apesar de possuírem uma predisposição interpessoal negativa. Assim, mesmo dentro da perspectiva de estabelecimento de um processo relacional aperfeiçoador, favorável e poderoso por parte do cliente, um vínculo afetivo insatisfatório pode ser desenvolvido por resultado da "ajuda" terapêutica.

Ainda, não abordamos os terapeutas ambivalentes: Achados sugerem que estes profissionais, mais do que os seguros e evitativos, interferirão muito mais no processo porque, tendo emoções ambivalentes, tendem a ficar muito intensamente vinculados ao cliente e, não percebendo suas respostas complementares, criam muito mais rupturas do que os outros dois tipos de clínicos no relacionamento terapêutico. Estas rupturas ocorrem quando o terapeuta, inconscientemente, acaba por participar dos ciclos interpessoais mal-adaptativos do cliente, validando suas interações desadaptativas passadas (Safran & Segal, 1994; Safran, 1998).

Portanto, concluiríamos dizendo que quanto mais inseguro for o vínculo (ou modalidade atual de apego) do terapeuta, mais complementar será sua resposta ao paciente. Em contraste, terapeutas seguros respondem quase da mesma maneira aos clientes evitativos quanto aos inseguros, levando a uma resposta não complementar, o que facilita a mudança pessoal. A interferência da vida pessoal do terapeuta, nestes casos estará presente interferindo positivamente no resultado terapêutico, uma vez que eles se permitem, sem receios, experienciar diferentes níveis de ativação e desativação de seus sistemas de vinculação, criando facilidades no vínculo terapêutico (Safran & Muran, 1996). Isto tudo nos leva a uma dramática variação de cada terapia, pautada, muito mais do que podemos imaginar, na efetividade de cada clínico.

Portanto, o relacionamento terapêutico pode ser considerado, em geral, altamente interdependente do relacionamento estabelecido entre o cliente e o terapeuta, sendo que o grau desta interdependência, entretanto, pode ser reduzido durante o curso do tratamento (e conforme o cliente desenvolve sua capacidade de enfrentamento, encontrando alternativas viáveis às suas dificuldades atuais). Este cenário ilustra que o padrão de interação pode flutuar e, ao mesmo tempo, oferecer valiosas perspectivas de progressos do trabalho clínico como um todo.

8.7. Outras pesquisas a respeito da interação "clínico-paciente"

Segundo Mallinckrodt, Gantt & Coble (1995), em um painel com nove terapeutas, foram gerados itens para um instrumento medir o relacionamento psicoterapêutico dentro da perspectiva da teoria do apego. A versão inicial da Escala de Apego do Cliente ao Terapeuta continha 100 itens que foram administrados em quatro instituições de aconselhamento, em pacotes de pesquisa de 138 clientes, que haviam completado pelo menos cinco sessões com seus terapeutas. A análise de fatores foi realizada em 36 itens, colocados em três subescalas, as quais foram nomeadas de *Segura, Evitativa-Amedrontada* e *Preocupada-Fundida* (ou ambivalente). Os fatores da Escala correlacionaram-se nas direções previstas com as medidas da pesquisa de relações com o objeto, aliança de trabalho classificada pelo cliente, autoeficácia social e apego no adulto.

Os resultados das análises de validação concomitante e da análise de grupo sugerem que, há padrões distintos no apego dos clientes a seus terapeutas. Os pacientes que ficaram com uma pontuação alta na subescala *segura* viam seus terapeutas como emocionalmente responsivos, que aceitavam e promoviam uma "base segura", a partir da qual exploravam os aspectos ameaçadores de sua experiência emocional. Os clientes que se classificaram no grupo seguro tenderam a relatar alianças de trabalho positivas, boa capacidade de relação e um senso forte de autoeficácia.

Os clientes que, acusaram uma pontuação alta na subescala *preocupado-fundido*, pareciam desejar uma dissolução das fronteiras normais no relacionamento terapêutico. Eles não só desejam contato mais frequente e intensamente pessoal, mas também, desejam literalmente ser quase "unos" com seus terapeutas, demonstrando estarem compulsivamente preocupados com o terapeuta e os outros clientes dele. As dimensões da aliança de trabalho deste grupo sugeriram que esses clientes formaram um vínculo de aliança de trabalho com seus terapeutas muito mais prontamente do que chegaram a um acordo sobre as tarefas ou objetivos da terapia. Parece provável que os clientes deste grupo *fundido* tenham mantido um modelo de trabalho fortemente negativo de si mesmos e positivo dos outros.

Finalmente, os clientes que tiveram uma pontuação alta na subescala *evitativo-amedrontado* tenderam a desconfiar de seus terapeutas e temer sua possível rejeição. Foram relutantes em cooperar nas tarefas terapêuticas que envolviam autorevelação, sentindo-se envergonhados e humilhados durante as sessões. Concluindo, estes pacientes possuem um modelo de trabalho extremamente negativo de si mesmos e um modelo negativo dos outros. Podem perceber a si mesmos como indesejáveis de modo geral e, a maioria dos outros como potencialmente perigosos e que os rejeitariam.

Em uma outra pesquisa, as competências sociais e as memórias de ligação de apego atuais com o pai e a mãe foram examinadas quanto à sua relação com as influências na formação da aliança de trabalho. Os resultados indicaram que laços paternos, principalmente com os pais, estavam significativamente associadas às competências sociais desenvolvidas na psicoterapia.

Como mencionamos ao longo dos capítulos anteriores, o apego durante a infância pode, também, afetar relacionamentos subsequentes durante o desenvolvimento humano, inclusive, afetando o desenvolvimento de competências sociais, que incluem um senso de autoeficiência para resultados sociais. Se as tentativas da criança de comunicar necessidades emocionais, em geral terminam em sucesso, ela forma representações de si mesma como apta a um comportamento social eficiente. No entanto, aquelas crianças que não foram bem-sucedidas nestas tarefas estão mais suscetíveis a formar representações de si mesmas, considerando-se ineficientes e as outras pessoas entendidas como não confiáveis (Mallinckrodt, 1991).

Os laços com os pais foram, em geral, preditores mais fortes da aliança que os laços com as mães. Clientes com as piores alianças de trabalho foram aqueles que tendiam a caracterizar seus pais como intrusivos, controladores e indispostos a conceder autonomia (excesso de proteção), bem como carinhosos e responsivos emocionalmente (cuidado excessivo) e que tendiam a caracterizar suas mães como permissivas e não muito protetoras (Mallinckrodt, Coble, Helen & Gantt, 1995).

Portanto, pesquisas sugerem então que as experiências de apego na infância podem influenciar a capacidade do cliente de formar uma aliança de trabalho produtiva que influenciem as expectativas sobre o relacionamento com o terapeuta.

8.8. Algumas considerações

Assim, como a formação de um vínculo seguro da criança com os pais fornece os recursos internos para o adulto, quando pai, responder ao bebê de maneira sensível e apropriada, parece então que, uma disposição segura de vinculação do clínico pode provê-lo dos recursos necessários para responder atenta e adequadamente aos clientes. Uma diferença significativa entre os relacionamentos de pais/bebês e clínico/paciente é que as estratégias de vinculação têm se envolvido dentro do contexto do anterior, mas não do último relacionamento. Isto é, as estratégias de ligação do bebê foram desenvolvidas porque eles foram adaptados à manutenção do acesso ao seu cuidador particular, ao passo que o cliente, muito provavelmente, desenvolveu estratégias num relacionamento que ocorreu antes daquele com o clínico. As estratégias do cliente, muitas vezes, não são adaptadas ao relacionamento com o terapeuta ou com outros com que ele interage. Todavia, elas são perpetuadas por meio de respostas de outros que servem para confirmar os modelos de trabalho de relacionamentos interpessoais.

Desta forma, o terapeuta pode desempenhar um importante papel na realização terapêutica, na ativação do potencial de mudança de seu paciente. Muito embora, a literatura defenda a ideia de haver uma postura universal com todos os clientes, acreditamos que o terapeuta continuadamente acessa e observa uma variedade de comportamentos do cliente e procura ajustar seus próprios estilos durante a terapia. Segundo Dolan, Arnkoff & Glass (1993), o grau ideal de comparação ou complementação entre terapeuta e cliente pode ser diferente nos primeiros estágios da terapia em relação aos estágios finais.

Portanto, são necessários estudos futuros para guiar os terapeutas sobre como melhor fornecer as condições facilitadoras necessárias a ajudar estes clientes no processo de mudança, ou seja, ajudá-los a remediar seus déficits em suas habilidades sociais e, indo um pouco mais além, determinar com quem e sob quais condições pode ser realizado este trabalho.

Uma vez que os pacientes são fortemente influenciados pelos modelos de trabalho dos outros (por ex., expectativas sobre se é provável que os outros forneçam conforto e cuidado, se solicitado), o apoio social disponível e percebido, pode depender das posturas adotadas pelos clínicos no trato com seus clientes. E assim, as reações dos clientes com suas próprias emoções são significativamente influenciadas pelos níveis de consciência e conforto dos terapeutas com sua própria emocionalidade (Mahoney, no prelo).

8.9. Conclusões

O fato de que é, essencial aos terapeutas para construir seus estilos interpessoais e avaliar os estímulos para diferentes clientes, não tem sido alvo de atenção a muitos programas de treinamento (psiquiátricos ou psicoterapêuticos). Segundo Lazarus (1993), um terapeuta genuinamente efetivo para valorizar a concordância do tratamento e compensar a resistência, precisa de: (1) uma ampla variedade de técnicas à sua disposição (ecletismo técnico), e (2) um repertório flexível de estilos de relacionamento e posturas para as diferentes necessidades e expectativas dos clientes. Isto poderia incluir decisões sobre o nível de formalidade e informalidade do cliente, o grau no qual ele revela informação pessoal, a extensão em que o terapeuta introduz os tópicos da conversação e, no geral, quando e como ser diretivo, apoiador ou reflexivo (Lazarus, 1993).

Um terapeuta flexível teria uma grande variedade de técnicas em mãos e um repertório flexível de estilos de relacionamento e posturas para suprir expectativas e necessidades de seus clientes. Em nossos relacionamentos cotidianos, tanto quanto em terapia, existe a predominância do princípio complementar, muito mais do que o princípio da similaridade, isto é, talvez a escolha de um paciente, por parte de um terapeuta, seja muito mais uma escolha guiada em direção a um terapeuta que seja complementar ao seu estilo de vinculação em vez de alguém que seja similar aos seus padrões.

Se o terapeuta ignora a negociação sutil que ocorre silenciosamente na psicoterapia, provavelmente as expectativas do paciente não serão satisfeitas, criando um ambiente desconfortável durante a terapia. Os resultados fortemente sugerem que, para obter bons resultados no tratamento, a pessoa do terapeuta é tão importante quanto a pessoa do cliente. Alguns estudos têm mostrado um relacionamento sistemático entre a reação pessoal do terapeuta com o cliente, a qualidade de sua comunicação, as impressões diagnósticas e os planos de tratamento (Henry & Strupp, 1994).

Acreditamos ser muito importante que os profissionais desenvolvam um completo entendimento sobre o sistema de vinculação de seus clientes e, principalmente, sobre o seu próprio sistema pessoal. Mesmo sendo muito difícil ter uma variedade de padrões de comportamento à disposição, visto que os clínicos passam por algumas tendências de vinculação em suas vidas passadas, seria uma boa ideia procurar desenvolver um papel mais flexível.

Contrário ao que costumamos aprender quando estudantes, há muitos anos, os terapeutas não são clínicos imparciais e qualquer definição de um processo terapêutico deveria incluir a base afetiva e o estilo pessoal do terapeuta. Um tratamento terapêutico é benéfico porque o cliente experiencia um relacionamento que é qualitativamente diferente dos relacionamentos experienciados na infância e contribui para transformar padrões interpessoais mal-adaptativos, o que eventualmente guia a pessoa ao tratamento (Bowlby, 1995; Safran, 1998; Henry & Strupp, 1994).

Para o terapeuta isto é bom porque oferece uma base onde o profissional pode, também, progressivamente experienciar novas formas de vínculos e suas consequências. Estas ampliarão o modelo interno de trabalho do terapeuta. Então, clínicos e pacientes podem deixar a terapia com significados reestruturados, renovados sobre o que é um relacionamento.

É possível que as características pessoais sejam mais importantes na primeira fase da terapia, quando o vínculo terapêutico está sendo formado, enquanto nas últimas sessões, terapeutas experientes estão melhor habilitados para desenvolver as metas e trabalhar por intermédio das rupturas na aliança. Acredita-se que o terapeuta gradualmente trabalha por meio de "avaliações" sistemáticas feitas pelos pacientes e que ele, assim, torna-se uma fonte valiosa de informação para aquele que busca ajuda. Isto é facilmente notado quando os clientes dizem que falam "mentalmente" com seus terapeutas em sua ausência, o que frequentemente indica o estabelecimento de uma boa e confiante aliança. Por outro lado, muitas vezes, podemos observar terapeutas mentalmente falando com alguns pacientes "especiais" ou "difíceis", para encontrar uma maneira de ser entendido profissionalmente.

Finalizando, tanto o terapeuta quanto o cliente contribuem para o processo interpessoal (Baringoltz, 1998), carregando com eles suas próprias histórias, crenças e emoções, cada um tentando encaixar esta nova situação às suas experiências anteriores, isto é, cada um tentando "atrair" o outro para seu papel complementar.

O papel do terapeuta vai além do que esperamos e, tendo isto em mente, mais deveria ser feito para nos possibilitar ter uma visão clara e cristalina de nós mesmos como terapeutas, portanto melhores profissionais de ajuda. Também, é importante apontar que, como profissionais, temos que respeitar nossa própria história, assim como respeitamos a história do cliente, e para avaliar como lidar com elas (Mahoney, no prelo). Respeitar a diversidade, palavra-chave do mundo pós-moderno, trará beleza ao relacionamento entre terapeuta e paciente.

Manhoney (no prelo), afirma que estar emocionalmente presente para o cliente não é nem fácil nem livre de riscos para os psicoterapeutas. O estresse e imparcialidade do terapeuta podem ser amplificados pelos desafios de estar emocionalmente disponível (e algumas vezes sentir-se responsável) pelas vidas afetivas dos pacientes. O bom trabalho psicoterapêutico está positivamente correlacionado com o cuidado e presença emocional do terapeuta. Entretanto, ao mesmo tempo, o cuidado e presença emocional são os aspectos mais exigidos e estressantes de ser um clínico.

As vidas dos terapeutas e as vidas de seus clientes não estão separadas, elas estão na verdade conectadas. Os psicoterapeutas muitas vezes fazem significativa diferença nas vidas de seus clientes. Mas, os clientes não são os únicos que mudam na psicoterapia. Os terapeutas, também, mudam por meio do seu trabalho. Não se pode estar até mesmo consciente de, deixando o envolvimento emocional de lado, tantas vidas sem ser pessoalmente afetado. Esta deveria ser uma mensagem básica para todos que se consideram cuidadores na saúde mental e bem-estar em geral. Não se pode comprometer na profissão de ajudar sem estar profundamente tocado.

- Capítulo 9 -

Conclusão

Um pressuposto fundamental de nosso enfoque é que os seres humanos apresentam uma predisposição às relações interpessoais e que grande parte do aprendizado desadaptado que os indivíduos realizam, se originam em suas tentativas de evitar a desintegração de certas relações interpessoais importantes.

Jeremy Safran & Zindel Segal

9.1. Introdução

Quando os pacientes vão à psicoterapia, carregam com eles um conjunto de desordens, histórias, rede de relações e dificuldades que são organizadas de maneira pessoal e idiossincrática. Nós, profissionais, também, carregamos nossa bagagem histórica que, implícita ou explicitamente, acaba também, por interferir no curso de nossas vidas, sem falar nas interferências que caminham consultório adentro. Assim, quando se enfoca o serviço psicoterapêutico, normalmente tem-se a noção de que boas técnicas, combinadas a um grau de relativo conhecimento e de amistosidade, seriam suficientes para produzir mudança psicológica nos pacientes. Porém, vale a pena fazer uma pergunta: O encontro das subjetividades (do paciente e do profissional) não contribuiriam para a criação de uma outra tendência resultante desse processo? Ou seja, não seria a psicoterapia afetada por essa mescla de histórias que conduziriam o processo clínico para outra direção diferente daquela esperada?

Lambert (1992), a esse respeito, descreve que a quantidade de melhora obtida no processo clínico deriva de vários fatores (cf. Figura 1). O primeiro é denominado "mudança extraterapêutica" e envolve características pessoais (mecanismos internos, tolerância à frustração etc.), associado a aspectos provenientes do ambiente (apoio social, relações familiares). O segundo fator é aquele denominado de "expectativa", a porção da melhora que se refere aos resultados derivados da esperança do cliente de estar sendo tratado com técnicas específicas, adequadas ao seu tipo de problema. Incluem-se aqui todas as mudanças obtidas pelo efeito placebo. O terceiro fator é aquele denominado de "técnicas", envolvendo aspectos específicos de cada tipo de psicoterapia (por exemplo, exercícios específicos, estilos de intervenção etc.). Considerado o quarto e último fator, encontra-se a "relação terapêutica". Neste nível, encontram-se as variáveis relacionais encontradas nas mais diferentes orientações clínicas, como a aceitação, o encorajamento a correr riscos etc.

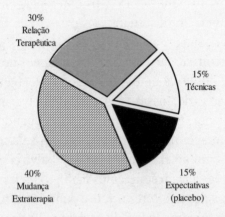

Figura 1 – Fatores indutores da melhora em psicoterapia

Todavia, embora de significativa importância, os elementos provenientes da "pessoa" do clínico são inconscientes ou deliberadamente excluídos de qualquer análise, cujo objetivo seria o de aprofundar-se um pouco mais nessa temática. Tais contribuições, quando descritas, no máximo noticiam variáveis que seriam esperadas em qualquer tipo profissional, com a presença de aspectos tais como: "calor humano", "empatia", "apoio emocional" etc. Os elementos derivados da história passada de interações do terapeuta (em termos da vinculação exibida no trato com o paciente) não foram descritos em qualquer referência mais abrangente, assim como, qualquer outra menção que venha a discutir elementos de complementaridade ou disparidade de estilos de vinculação e suas possíveis interferências para o resultado final na psicoterapia. Pesquisas futuras deveriam caminhar nesta direção.

9.2. Em foco: o psicoterapeuta

Como afirmam Safran & Segal (1994), os aspectos "não específicos" das técnicas sempre foram considerados pelos terapeutas como menos importantes e de pouca valia, por serem mais sensíveis e de difícil avaliação. Desta maneira, ao não se considerar o caráter fundamentalmente humano que permeia o processo terapêutico (e o processo de mudança), um modo mais mecanicista de se conceber a terapia é sempre perpetuado. Afirmam que, por ser a psicoterapia, primordialmente, um processo de transformação humana, isto não implicaria que não viesse a existir nenhuma teoria na qual os terapeutas não devessem aprender ou que nenhuma técnica não devesse ser adquirida para facilitar tal empreendimento. O método por meio do qual o encontro humano se manifesta e, desta maneira, propicia a mudança pessoal, deveria incluir a capacidade de se utilizar a própria "humanidade" como ferramenta terapêutica de intervenção. Neste sentido, a própria noção de um terapeuta objetivo, neutro e imparcial acaba sendo refutada, pois o terapeuta deveria ser compreendido como alguém possuidor de habilidades favorecedoras, como também, detentor de dificuldades pessoais de compreensão e de suas zonas de específica suscetibilidade que, inevitavelmente, acabariam por interagir com os problemas e pontos sensíveis do paciente.

Neste sentido, a premissa de que o clínico necessita se portar como técnico, alterando (ampliando) interpretações, pensamentos, mudando emoções, papéis etc, deveria ser reconsiderada, pois a falta de compreensão dos fatores que interagem em um contexto terapêutico acabam por criar uma ênfase demasiada na técnica que, pode levar os terapeutas a confiar excessivamente nestes recursos sem compreender o processo nos quais eles mesmos se apoiam. Na falta desta compreensão, o clínico converte-se em um simples técnico, eficaz em alguns contextos, mas não em outros, e é incapaz de identificar os fatores que determinam tais diferenças (Safran & Segal,1994).

Portanto, as trocas emocionais (entre profissionais e pacientes) deveriam ser (re)consideradas como precursoras e facilitadoras do processo de mudança e a terapia deveria ser concebida como um método dialético, em que a influência acabaria por ter um caráter bidirecional, e o resultado de uma terapia "satisfatória", muitas vezes, poderia até implicar em uma mudança tanto no paciente como no terapeuta. A relação terapêutica ganharia, a partir desta proposição, um *status* um pouco diferente dos até então adotados (Safran, 1993).

Nas terapias comportamentais, por exemplo, a relação terapêutica não possuía nenhuma importância, pois pressupunha-se que a eficiência dos tratamentos comportamentais era imputada a certos princípios do condicionamento oriundos das investigações em laboratório. Programando-se as contingências de aprendizagem apropriadas, poder-se-ia ajudar os clientes a desaprender condutas inadaptadas, substituindo-as por condutas mais adaptadas.

Outros teóricos chegaram a sustentar que as relações pessoais não são de modo algum essenciais para a cura de transtornos neuróticos, embora pudessem ser úteis, de alguma maneira, em certas circunstâncias. Com o decorrer do tempo, e de forma contrária, este interesse conceitual na relação terapêutica refletiu-se numa crescente literatura empírica destinada a demonstrar que os pacientes percebiam a relação como sendo determinante, embora, os terapeutas não compartilhassem deste princípio.

A abordagem comportamental deu, também, alguma contribuição a esta questão quando afirmou que a terapia tem bons resultados em situações em que o terapeuta é amigavelmente dominante e o cliente é submisso (DeVogue & Beck, 1978). É claro, as pessoas submissas são mais fáceis de tratar em terapia do que as pessoas hostis (Horowitz, Rosenberg & Bartholomew, 1993). Mas, esta seria uma resposta ideal a tais questionamentos?

Em algumas pesquisas relatadas por Safran & Segal (1994) foi comprovado que os pacientes para os quais a terapia comportamental resultava satisfatória consideravam que a interação pessoal com o terapeuta era o aspecto específico mais importante de seu tratamento. Mathews et al. (1976) pediram a seus clientes agorafóbicos para que enumerassem, por ordem de importância, os elementos do tratamento aos quais haviam sido submetidos e que mais beneficiaram a terapia. Descobriram que, no que se referia à ajuda para o controle do pânico, os clientes consideraram que o alento e a solidariedade dos terapeutas eram fatores mais importantes do que os componentes práticos do tratamento (técnicas utilizadas etc.).

Neste sentido, o resultado de um processo de ajuda depende, de uma maneira muito significativa, do tipo de aliança obtida entre o terapeuta e o paciente durante o processo terapêutico. Ainda que, sob a orientação de distintas formas de psicoterapia, elas estabelecem diferentes exigências com respeito a esse fator.

Assim, poderíamos até sugerir que a personalidade do terapeuta pode atuar na mudança terapêutica, de forma que os possíveis aspectos implícitos desta "vinculação" terapeuta *versus* paciente acabam por gerar mudanças no todo. A importância reputada à aliança terapêutica, conforme sugeriu-se em algumas investigações, indicaram que a variável mais significativa que distinguia os terapeutas que obtinham bons resultados dos que não os obtinham era a capacidade para formar uma boa aliança terapêutica com os seus respectivos pacientes (Luborsky, 1985). Desta maneira, Safran & Segal (1994) acreditam que a aliança terapêutica não é uma entidade estática e imutável, mas antes, um aspecto dinâmico e flutuante da relação terapêutica, no qual incide continuamente a percepção por parte do paciente com relação ao significado dos atos do terapeuta.

Portanto, há de se considerar o que chamaríamos de "inseparabilidade da técnica" – onde são utilizadas as qualidades pessoais do terapeuta e da relação terapêutica como um dos aspectos mais favorecedores da mudança. Quer a terapia centre-se ou não na relação terapêutica, parece ser indispensável que se tenha uma perspectiva teórica que venha a explicar o papel cumprido pelos sentimentos e as relações do terapeuta no sistema interpessoal criado por ele e sua relação com o paciente. Seria fundamental que se formulasse com clareza as prescrições técnicas para que se pudesse utilizar os sentimentos e reações do profissional a serviço da terapia, em lugar de se permitir que estes aspectos se convertam apenas em descrições teóricas ingênuas, românticas ou até mesmo sem especificidade maior.

Desta maneira, podemos afirmar que os aspectos emocionais tão citados por Bowlby (1983, 1985, 1988, 1989, 1990a, 1990b, 1993a e 1993b) nas condutas de vinculação, também, se fazem muito presentes, de alguma maneira, no contexto da ajuda humana, e assim, a figura do terapeuta desempenha um papel muito maior e mais significativo do que sempre se supôs na literatura. Portanto, o profissional parece desempenhar uma função de guia nas incursões experimentais realizadas pelos pacientes (Mahoney, 1995), conforme discutido em outro capítulo.

A função de esclarecimento e de orientação que sempre lhe foi atribuída demonstra ser insuficiente quando analisamos a importância da vinculação para o desenvolvimento humano e, consequentemente, para o êxito terapêutico na mudança psicológica. Bowlby (1990a) afirma a este respeito que a experiência clínica indica que quanto mais fortes forem as emoções despertadas numa relação, mais provável será que se tornem dominantes os modelos mais primitivos de interação, e assim, os processos de vinculação demonstram não estarem somente presentes, mas também, influenciando a direção e a qualidade final de uma psicoterapia. O elo de ligação, estabelecido entre paciente e terapeuta, em termos de seus modelos primitivos e estilos internos de interação, parecem ambos demonstrar sua presença em uma espécie de "jogo secreto" em que tais matrizes facilitam ou impedem a criação de um bom vínculo terapêutico e o consequente progresso.

9.3. Aproximações na psicoterapia

A fim de manter uma boa aliança de trabalho em uma terapia com orientação afetiva é preciso que se mantenha um equilíbrio entre estimular a exploração afetiva do paciente, apoiar e validar as suas produções. Determinadas reações do terapeuta precisam transmitir compreensão e aceitação daquilo que o cliente está dizendo, ao passo que outras precisam ser mais abertas, incitando reações, forçando a uma exploração maior e estimulando a experiência afetiva. Esta combinação de estilos satisfaz tanto a necessidade de afirmar o vínculo terapêutico como a necessidade de promover a tarefa terapêutica de explorar e descobrir (Greenberg & Safran, 1986).

Uma vez que o terapeuta trabalhe no estabelecimento de um ambiente seguro para seu paciente, estarão asseguradas as condições básicas para o andamento de uma boa psicoterapia. Os reflexos empáticos provenientes do terapeuta são considerados, em um nível prático, como importantes ferramentas de intervenção para a transmissão e compreensão dos significados, uma vez que, facilitam o processamento de novas informações. No entendimento de Bowlby, a relação clínica que mais contribuiria a um aspecto permeado de segurança e aceitação, seria uma relação que:

Em um primeiro momento, o terapeuta precisaria propiciar

a) uma *base segura* a partir da qual o cliente poderia explorar a si mesmo, as relações estabelecidas no passado ou aquelas que poderia vir a estabelecer no futuro;

b) Juntar-se ao paciente na exploração e encorajá-lo ao exame das situações e dos papéis por ele exercidos, assim como, as suas reações a estas situações;
c) Indicar ao paciente as maneiras pelas quais ele, inadvertidamente, poderia interpretar as reações do profissional de ajuda (em relação a ele mesmo e a seu processo), uma vez que na própria aliança de trabalho se encontraria um "indício" dos modelos disfuncionais desenrolados na vida pregressa;
d) Entender estes processos típicos de atribuição de significados como provenientes da adolescência e de sua infância e explorar suas implicações emocionais e cognitivas.

Bowlby (1990a) enfatiza que quanto mais disfuncionais foram as experiências desta pessoa que busca ajuda, mais difícil será sua possibilidade de confiar em seu terapeuta. Como consequência, quanto menos confiança, menos abertura ela sentirá para explorar os aspectos conflitivos de suas relações passadas, tornando-se assim, sua exploração insuficiente para o reconhecimento e alteração de seus modelos de vinculação. Portanto, quanto menos precisa e exata for a narrativa desenvolvida, menor será a possibilidade de mudança. Assim, afirma Bowlby (1990a), que cada paciente está confinado em um sistema mais ou menos fechado, e só lentamente, muitas vezes passo a passo, será possível ajudá-lo a escapar.

Afirmam outros autores que a experiência de ser verdadeiramente aceito e valorizado, ajuda a compensar as condições interiorizadas de autoavaliações negativas e dúvidas sobre si mesmo. Além disso, ao se eliminar a necessidade de vigilância interpessoal, libera-se a capacidade de processamento uma vez que permite-se que o paciente tolere mais ansiedade intrapessoal na autoexploração de suas experiências internas. "*Os clientes constroem*", afirmam Greenberg, Rice & Elliott (1996, p. 39), "*um sentido mais sólido de sua experiência ao ser esta reconhecida e respondida por seus terapeutas*". As pessoas aprendem, assim, a confiar em sua própria experiência e aceitar seus próprios sentimentos, reconhecendo-se capazes de serem elas mesmas em relação aos outros e, que isto, poderá vir a ser, de alguma maneira, uma experiência gratificante. Bowlby (1990a) reitera que a psicoterapia tem como um de seus objetivos principais a constituição de um novo estilo relacional àquelas pessoas que somente desenvolveram estilos afiliativos insuficientes e geradores de condutas desadaptativas.

Por esta razão é que um ambiente de aceitação associado a uma postura terapêutica de disponibilidade emocional, oferece aos pacientes a oportunidade de *perceberem* que estão sendo compreendidos e que são de importância fundamental como seres humanos. É somente a partir da harmonização empática do cuidador somado à experiência emocional daquele que recebe o afeto é que se desenvolve um (sólido) sentido de si mesmo (Greenberg, Rice & Elliott, 1996, Stern, 1992, 1997; Bowlby, 1990a; Jordan, 1986; Surrey, 1987; Mahoney, 1992; Maturana & Verda-Zöller, 1994; Bricker, Young & Flanagan, 1993).

9.4. Conclusão

A finalidade da terapia, nos mais variados contextos, é o de ajudar as pessoas a reduzir esse estado de desvinculação com o mundo e com seu entorno. Para isso, o terapeuta deve superar os obstáculos à relação interpessoal criados pelo paciente em função das possíveis desvinculações apresentadas nas diferentes relações vividas, oferecendo-lhes uma relação em que possam desenvolver e/ou aprender novas maneiras de se vincular aos demais (Bowlby, 1990a).

Se imaginarmos que a nossa existência estende-se numa dimensão, intersubjetiva e que, em consequência, somente podemos nos conhecer dentro de uma relação, uns com os outros, torna-se óbvio o papel primordial que tem a ligação na afetividade, no âmbito das relações da existência humana. *Verden-Zoller* (1994) defende esta mesma ideia ao propor a existência de uma *biologia do amor*, onde postula que nós, seres humanos, somos o resultado de uma história evolutiva de coexistência consensual, isto é, somos o resultado de uma intimidade que deriva de uma atmosfera de aceitação humana mútua. Entende ainda que somos filhos do amor e da biologia de nossas corporalidades, ou seja, respondemos a uma biologia infantil, como respondemos a uma biologia da afetividade ou da ligação. Assim, é de fundamental importância que o crescimento normal de um bebê humano venha a acontecer dentro de uma biologia da mútua aceitação e de interações corporais íntimas com a mãe. Quando isso não acontece é que a maioria de nossas enfermidades e sofrimentos tem o seu inicio, isto é, quando de alguma maneira, existe alguma forma de interferência em nossa biologia da ligação.

O amor corporal expresso se dá na forma do *vínculo*, que se constitui por meio da operacionalidade de nossa existência. Portanto, o que nos constitui em qualquer domínio particular é a nossa *história de relações* com outros seres humanos (Guidano,1991; Guidano 1998; Bowlby, 1989 & Bowlby 1993a). Portanto, estejamos muito atentos a isso.

Antes de finalizar, transcrevo um cartão enviado por um paciente.

> "Então eu estou aqui e você também.
>
> Me permite ser o seu espelho e cantar em mim o teu encanto, tua estranheza e teu espanto, como quem sabe no fundo que não há distância neste mundo, pois somos uma só alma.
>
> Me permita ser a voz que te canta e te encanta de si, que te faz sentir-se e parar, como quem volta para casa e resolve se amar.

Somos livres e não possuímos as pessoas. Temos apenas o amor por elas e nada mais.

E é preciso ter coragem para ser o que somos, sustentar uma chama no corpo sem deixar a luz se apagar.

É preciso recomeçar no caminho que vai para dentro, vencendo o medo imaginado, assegurar-se no inesperado, confiando no invisível, desprezando o perecível na busca de si mesmo.

Ser o capitão da nau no mais terrível vendaval na conquista de um novo mundo, mergulhar bem fundo, para encontrar nosso ser real.

E rir, pois tudo é brincadeira. Pois cada drama é só nosso modo de ver, a vida só está nos mostrando aquilo que estamos criando com nosso poder de crer."

LAAG

Bibliografia

Abreu, C. N. (2004). A pessoa do terapeuta: considerações construtivistas. In C. N. Abreu & M. Roso (Orgs.), *Psicoterapias Cognitiva e Construtivista*. Porto Alegre: ArtMed.

Abreu, C. N. & Roso, M. (2004). *Psicoterapias Cognitiva e Construtivista*. Porto Alegre: ArtMed.

Abreu, C. N. (1999). The therapist as an influent agent in the therapeutic process. *Constructivism in the Human Science*, 4, 1, 37-52.

Adam, K. S.; West, M. & Sheldon-Keller, A. E. (1996). Attachment organization and history of suicidal behavior in clinical adolescents. *Journal of Consulting and Clinical Psychology*, Vol. 64, Nº 2, 264-272.

Ainsworth, M. D. S. (1991). Attachment and other affectional bonds across the life cicle. In C. M. Parkes; J. Stevenson-Hinde & P. Marris (Eds.), *Attachment Across the Life Cycle*. New York: Routledge.

Ainsworth, M. D. S., Blehar, M. C., Waters, E. & Wall, S. (1978). *Patterns of attachment: a Psychological Study of the Strange Situation*. Hillsdale: Erlbaum.

Allen, J. P.; Borman Spurrel, E. & Hauser, S. T. (1996). Attachment theory as a framework for understanding sequelae of severe adolescent psychopathology: an 11-year follow-up study. *Journal of Consulting and Clinical Psychology*, Vol. 64. Nº 2, 254-263.

Alexander, P. C. & Anderson, C. L. (1994). An attachment approach to psychotherapy with the incest survivor. *Psychotherapy*, 31, 4, 665-675.

Alvarez, H. F. (1992). *Fundamentos de Un Modelo Integrativo en Psicoterapia*. Buenos Aires: Paidós.

Baringoltz, S. (1998). O terapeuta: pessoa e papel. In R. F. Ferreira & C. N. Abreu (Orgs.), *Psicoterapia e Construtivismo: Considerações Teóricas e Práticas*. Porto Alegre: Artes Médicas.

Bartholomew, K. & Horowitz, L. (1991). Attachment styles among young adults: a test of a four-category model. *Journal of Personality and Social Psychology*, 61, 2, 226-244.

Beck, A. & Freeman, A. (1993). *Terapia Cognitiva dos Transtornos da Personalidade*. Porto Alegre: Artes Médicas.

Beck, A. T., Rush, A. J., Shaw, B. F. & Emery, G. (1982). *Terapia Cognitiva da Depressão*. Rio de Janeiro: Zahar.

Beck, J. (1995). *Cognitive Therapy: Basics and Beyond*. NY: Basic Books.

Bem, D. J. (1972). *Atitudes, Crenças e Valores*. São Paulo: Editora USP.

Berman, H. B. & Sperling, B. M. (1994). The structure and function of adult attachment. In H. B. Berman & B. M. Sperling (Eds.), *Attachment in Adults*. NY: Guilford.

Bermudez, J. L., Marcel, A. & Eilan, N. (Eds.) (1995). *The Body and the Self*. Cambridge: MIT Press.

Bordin, E. S. (1994). Theory and research on the therapeutic working alliance: new directions. In A. O. Horvath & L. S. Greenberg (Orgs.), *The Working Alliance: Theory, Research, and Practice*. New York, John Wiley.

Bordin, E. S. (1979). The generabilizability of psychoanalitic concept of the working alliance. *Psichoterapy: Theory, Research, and Practice*, 16, p. 252-260.

Bowlby, J. (1983). Attachment and loss: retrospect to prospect. Annual Progress in Child Psychiatry and Child Development, 29-47.

Bowlby, J. (1985). *Perda, Tristeza e Depressão – volume 3 da Trilogia Apego e Perda*. São Paulo, Martins Fontes.

Bowlby, J. (1988). El papel de la experiencia de la infancia en el trastorno cognitivo. In M. J. Mahoney & A. Freeman (Eds.), *Cognición y Psicoterapia*. Barcelona: Paidós.

Bowlby, J. (1989). *Uma Base Segura: Aplicações Clínicas da Teoria do Apego*. Porto Alegre: Artes Médicas.

Bowlby, J. (1990a). *Formação e Rompimento dos Laços Afetivos*. São Paulo: Martins Fontes.

Bowlby, J. (1990b). *Apego – volume 1 da Trilogia Apego e Perda*. São Paulo: Martins Fontes.

Bowlby, J. (1993a). *Separação, Angústia e Raiva – volume 2 da Trilogia Apego e Perda*. São Paulo: Martins Fontes.

Bowlby, J. (1993b). *Perda, Tristeza e Depressão – volume 3 da Trilogia Apego e Perda*. São Paulo: Martins Fontes.

Bowlby, J. (1995). *Cuidados Maternos e Saúde Mental*. São Paulo: Martins Fontes.

Bricker, D. C. & Young, J. E. (1991). *A Client's Guide to Schema-Focused Cognitive Therapy*. NY: Cognitive Therapy Center of New York.

Bricker, D. C., Young, J. & Flanagan, C. M. (1993). Schemafocused cognitive therapy: a compreensive framework for characteriological problems. In K. T. Kuehlwein & H. Rosen (Eds.), *Cognitive Therapies in Action*. San Francisco: Jossey-Bass.

Bringle, R. G. & Bagby, G. J. (1992). Self-steem and perceived quality of romantic and family relatioships in young adults. *Journal of Research in Personality*, Vol. 26 (4) 340-356.

Byng-Hall, J. (1995). Creating a secure family base: some implications of attachment theory for family therapy. *Family Process*, 34, 45-58.

Campbell, L. F. (1996). The treatment outcome pursuit: a mandate for the clinician and researcher working alliance. *Psychotherapy*, 35, 2, 190-196.

Campos, J. & Stenberg, C. (1980). Perception of appraisal and emotion: the onset of social referencing. In M. E. Lamb & L. Sherrod (Eds.), *Infant Social Cognition*. Hillsdale, N. J.: Erlbaum.

Canavarro, M. C. S. (1997). *Relações Afectivas ao Longo do Ciclo de Vida e Saúde Mental*. Dissertação de Doutoramento em Psicologia Clínica apresentada à Faculdade de Psicologia e Ciências da Educação da Universidade de Coimbra.

Carmen del Rebecca, H. L. (1996). Epilogue: bridging the gap between research on attachment and psychopathology. *Journal of Consulting and Clinical Psychopathology*, Vol. 64, Nº 2, 291-294.

Carnelley, K. B. & Janoff-Bulman, R. (1992). Optimism about love relationships: general vs specific lessons from one's personal experiences. *Journal of Social and Personal Relationships*, 9, 5-20.

Carter, B., McGoldrick, M. et al. (1995). *As Mudanças no Ciclo de Vida Familiar: Uma Estrutura para a Vida Familiar*. Porto Alegre: Artes Médicas.

Cassidy, J.; & Berlin, L. J. (1994). The insecure/ambivalent pattern of attachment: theory and research. *Child Development*, 65, 971-991.

Cicchetti, D. & Aber, J. L. (1998). Contextualism and developmental psychopathology. *Development and Psychopathology*. 10, 137-141.

Ciccheti, D.; Rogosh, F. A. & Toth, S. L. (1998). Maternal depressive disorder and contextual risk: contributions to the development of attachment insecurity and behavior problems in toddlerhood. *Development and Psychopathology*. 10, 283-300.

Cohn, D. A. (1990). Child-mother attachment of six-year-olds and social competence in school. *Child Development*, Vol. 61(1) 152-162.

Cole-Detke, H. & Kobak, R. (1996). Attachment processes in eating disorder and depression. *Journal of Consulting and Clinical Psychology*. Vol. 64. Nº 2, 282-290.

Coll, C. G., Cook-Nobles, R. & Surrey, J. (1995). Diversity at the core: implications for relational theory. *Work in Progress, Nº 75*. Wellesley, MA: Stone Center Working Paper Series.

Collins, N. L. & Read, S. J. (1990). Adult attachment style, working models and relationship quality in dating couples. *Journal of Personality and Social Psychology*, 58, 644-663.

Cook, D. R. (1991). Shame, attachment and addictions: implications for family therapists. Special Issue: Addictions and the family. *Contemporary Family Therapy An International Journal*, Vol. 13 (5) 405-419.

Cowan, P. A., Cohn, D. A., Cowan, C. P. & Pearson, J. L. (1996). Parents' attachment histories and children's externalizing and internalizing behaviors: exploring family systems models of linkage. *Journal of Consulting and Clinical Psychology*, 64, 1, 53-63.

Crema, R. (1989). *Introdução à visão holistica*. São Paulo: Summus.

Crittenden, P. (1997). Patterns of attachment and sexual behavior: risk of dysfuction versus opportunity for creative integration. In L. Atkinson & K. J. Zucker (Orgs.), *Attachment and Psychopatology*, NY: Guilford.

Davies, P. T. & Cummings, M. (1998). Exploring children's emotional security as a mediator of the link between marital relations and child adjustment. *Child Development*, Vol. 69, Nº 1, 124-139.

DeKlyen, M. (1996). Disruptive behavior disorder and intergenerational attachment pattenrs: a comparison of clinic-referred and normally functioning preschoolers and their mothers. *Journal of Consulting and Clinical Psychology*, Vol. 64, Nº 2, 357-365.

Derogatis, L. R. (1977). SCL-90-R: Administration, Scoring, and Procedures Manual. Baltimore: Clinical Psychometrics Research.

Derogatis, L. R. (1993). *BSI: Brief Symptom Inventory. Administration, Scoring and Procedures Manual*. Minneapolis: National Computers Systems.

DeVito, C. & Hopkins, J. (2001). Attachment, parenting, and marital dissatisfaction as predictors of disruptive behavior in preschoolers. *Development and Psychopathology*, 13, 215-231.

DeVogue, J. T. & Beck, S. (1978). The therapist-client relationship in behavior therapy. In M. Hersen, R. M. Eisler & P. M. Miller (Eds.), *Progress in Behavior Modification*, Vol. 6, p. 203-248. NY: Academy Press.

Dolan, R. T., Arnkoff, D. B. & Glass, C. R. (1993). Client attachment style and the psychotherapist's interpersonal stance. *Psychotherapy*. 30, 3, 408-411

Dolce, J. J. & Thompson, J. K. (1989). Interdependence theory and the client-therapist relationship: a model for cognitive psychotherapy. *Journal of Cognitive Psychotherapy: An International Quarterly*, 3, 2, 111-122.

Dozier, M., Cue, K. L. & Barnett, L. (1994). Clinicians as caregivers: role of attachment organization in treatment. *Journal of Consulting and Clinical Psychology*, 62, 4, 793-800.

Dunkle, J. H. & Friedlander, M. L. (1996). Contribuition of therapist experience and personal characteristics to the working alliance. *Journal of Consulting Psychology*, 43, 4, 456-460.

Dunn, J. (1993). *Young Children's Close Relationships: Beyond Attachment*. Newbury Park, California, Sage.

Emde, R. N., Klingman, D. H. et al. (1978). Emotional expression in infancy: initial studies of social signaling and an emergent model. In M. Lewis & L. Rosenblum, (Eds.), *The Development of Affect*. New York: Plenum Press.

Erickson, M. F., Sroule, L. A. & Egeland, B. (1985). The relationship between quality of attachment and behavior problems in prescholl in a high-risk sample. *Monographs of the Society for Research in Child Development*, Vol. 50(1-2) 147-166.

Etchegoyen, R. H. (1989). *Fundamentos da Técnica Psicanalítica*. Porto Alegre: Artes Médicas.

Fagot, I. B.; & Kavanagh, K. (1990). The prediction of antisocial behavior from avoidant attachment classifications. *Child Development*, 61, 864-873.

Farber, B. A., Lippert, R. A. & Nevas, D. B. (1995). The therapist as attachment figure. *Psychotherapy*. 32, 2, 204-212.

Feeney, B. C. & Kirkpatrick, L. A. (1996). Effects of adult attachment and presence of romantic partners on psychological responses to stress. *Journal of Personality and Social Psychology*. 70, 2, 255-270.

Feeney, J. & Noller, P. (1996). *Adult Attachment*. Sage Publications.

Feixas, G. & Villegas, M. (1993). *Constructivismo y Psicoterapia*. Barcelona: PPU.

Festinger, L. (1975). *A Teoria da Dissonância Cognitiva*. Rio de Janeiro: Zahar.

Feyerabend, P. (1989). *Contra o Método*. Rio de Janeiro: Francisco Alves Editora.

Fonagy, P. et al. (1997). Morality, disruptive behavior, borderline personality disorder, crime, and their relationships to security of attchment. In L. Atkinson & K. J. Zucker (Eds.), *Attachment and Psychopathology*. NY: Guilford Press.

Forghieri, Y. C. (1993). *Psicologia Fenomenológica*. SP: Pioneira.

Frankl, V. E. (1991). *A Psicoterapia na Prática*. São Paulo: Papirus.

Freud, S. (1976 [1916-1917]). *Conferências Introdutórias Sobre Psicanálise (Parte III)*. Rio de Janeiro: Imago Editora.

Gaston, L. & Marmar, C. R. (1994). The california psychoterapy alliance scales. In A. O. Horvath & L. S. Greenberg (Eds.), *The Working Alliance: Theory, Research, and Practice*. New York, John Wiley.

Gelso, C. J. & Carter, J. A. (1994). Components of the psychotherapy relationship: their interaction and unfolding during treatment. *Journal of Counseling Psychology*. 41, 3, 296-306.

George, C. A. (1996) Representational perspective of child abuse and prevention: internal working models of attachment and caregiving. *Child Abuse & Neglect*, Vol. 20, nº 5, 411-424.

Gonçalves, O. (1993). Narrativas del inconsciente. Las terapias cognitivas: regresso al futuro. *Revista de Psicoterapia*. Vol. 3(12) 29-48.

Gonçalves, O. (1994). From epistemological truth to existencial meaning in cognitive narrative psychoterapy. *Journal of Constructivist Psychology*, 7: 107-118.

Gonçalves, O. (1998). *Psicoterapia Cognitiva Narrativa: Manual de Terapia Breve*. Campinas: Editorial Psy.

Greenberg, L. (1998). A Criação do significado emocional. In R. F. Ferreira & C. N. de Abreu (Orgs.), *Psicoterapia e Construtivismo*. Porto Alegre: Artes Médicas.

Greenberg, L. (2000). *Emociones: Una Guía Interna*. Bilbao: Desclée de Brouwer.

Greenberg, L. & Pascual-Leone, J. (1997). Uma abordagem construtivista dialética à mudança experiencial. In R. A. Neimeyer & M. J. Mahoney (Eds.), *Construtivismo em Psicoterapia*. Porto Alegre: Artes Médicas.

Greenberg, L. & Paivio, S. C. (1997). *Working with Emotions in Psychoterapy*. NY: Guilford Press.

Greenberg, L. S. & Safran, J. (1987). *Emotion in Psychoterapy; Affect, Cognition and the Process of Change*. NY: Guilford Press.

Greenberg, L. S., Rice, L. N. e Elliott R. (1996). *Facilitando el Cambio Emocional: El Proceso Terapéutico Punto por Punto*. Barcelona: Paidós

Greenberg, M. T., Speltz, M. L., De Klyen, M. & Endriga, M. C. (1991). Attachment security in preschoolers with and without externalizing behavior problems: a replication. Special Issue: Attachment and Development Psychopathology. *Development and Psychopathology*, Vol. 3(4) 413-430.

Guidano, V. F. (1994). *El Sí-Mismo en Processo: Hacia una Terapia Cognitiva Posracionalista*. Barcelona: Paidós.

Guidano, V. F. (1997). A auto-observação na psicoterapia construtivista. In R. A. Neimeyer & M. J. Mahoney (Eds.), *Construtivismo em Psicoterapia*. Porto Alegre: Artes Médicas.

Guidano, V. F. & Liotti, G. (1988). Una base constructiva para la terapia cognitiva. In M. Mahoney & A. Freeman (Orgs.), *Cognición y Psicoterapia*. Barcelona: Paidós.

Guidano, V. F. (1991). Affective change events in a cognitive therapy system approach. In J. D. Safran & L. S. Greenberg (Orgs.), *Emotion, Psychotherapy and Change*. NY: Guilford.

Guidano, V. F (1998). O percurso de um terapeuta: do objetivismo ao construtivismo. In R. F. Ferreira & C. N. Abreu (Orgs.), *Psicoterapia e Construtivismo: Considerações Teóricas e Práticas*. Porto Alegre: Artes Médicas.

Guidano, V. F. & Liotti, G. (1983). *Cognitive Process and Emotional Disorders*. NY: Guilford.

Hazan, C. & Shaver, P.R. (1987). Romantic love conceptualized as an attachment process. *Journal of Personality and Social Psychology*, 52, 511-524.

Hazan, C. & Shaver, P. R. (1994). Attachment as an organizational framework for research on close relationships. *Psychological Inquiry*, 5(1), 1-22.

Heard, D. (1982). Family Systems and the Attachment Dinamic. *Journal of Family Therapy*; Vol. 4 (2) 99-116.

Henry, W. P. & Strupp, H. H. (1994). The therapeutic alliance as interpersonal process. In A. O. Horvath & L. S. Greenberg (Eds.), *The Working Alliance: Theory, Research, and Practice*. New York, John Wiley.

Hesse, E. (1996). Discourse, memory, and the adult attachment interview: A note with emphasis on the emerging cannot classify category. *Infant Mental Health Journal*, 17, 1, 04-10.

Hinde, A. R. & Stevenson-Hinde, J. (1991). Perspectives on attachment. In C. M. Parkes, J. Stevenson-Hinde & P. Marris (Eds.), *Attachment Across the Life Cycle*. New York: Routledge.

Hipwell, A. E.; Goossens, F. A; Melhuish, E. C. & Kumar, R. (2000). Severe maternal psychopathology and infant-mother attachment. *Development and Psychopathology*. 12 157-175.

Holmes, J. (1993). *John Bowlby & Attachment Theory*. Routledge.

Holmes, J. (1996). *Attachment, Intimacy, Autonomy: Using Attachment Theory in Adult Psychotherapy*. London: Jason Aronson Inc.

Hopkins, J. (1987). Failure of the holding relationship: some effects of physical rejection on the child's attachment and on his inner experience. *Journal of Child Psychoterapy*, Vol. 13(1) 5-17.

Horn, K. (1937). *The Neurotic Personality of Our Time*. NY: Norton.

Horowitz, M. (1990). *Introdução à Psicodinâmica: Uma Nova Síntese*. Porto Alegre: Artes Médicas.

Horowitz, L. M., Rosenberg, S. E. & Bartholomew, K. (1993). Interpersonal problems, attachment styles, and outcome in brief dynamic psychotherapy. *Journal of Consulting and Clinical Psychology*, 61, 4, 549-560.

Horvath, A. O. (1994). Research on the alliance. In O. Horavath & L. S. Greenberg (Orgs.), *The Working Alliance: Theory, Research, and Practice*. NY: John Wiley & Sons.

Horvath, O. & Greenberg, L. S. (1994). *The Working Alliance: Theory, Research, and Practice*. NY: John Wiley & Sons.

Howe, D. (1997). *La Teoria Del Vinculo Afetivo para la Práctica del Trabajo Social*. Barcelona: Paidós Editorial.

Johnson, D. & Fein, E. (1991). The concept of attachment: applications to adoption. Special Issue: Research on Special Needs Adoption. *Children and Youth Services Review*; Vol. 13 (5-6) 397-412.

Johnson, S. M. & Greenberg, L. S. (1989).The therapeutic alliance in marital therapy. *Journal of Cognitive Therapy: An International Quarterly*. 3, 2, 97.

Jordan, V. J. (1986). The meaning of mutuality. *Work in Progress, Nº 23*. Wellesley, MA: Stone Center Working Paper Series.

Jordan, V. J. (1991). Some misconceptions and reconceptions of a relational approach: do you believe that the concepts of self and autonomy are useful in understanding women?. *Work in Progress, Nº 49*. Wellesley, MA: Stone Center Working Paper Series.

Karen, R. (1998). *Becoming Attached: First Relationships and How They Shape Our Capacity to Love*. Oxford: University Press.

Kenny, M. E. & Hart, K. (1992). Relationship Between Parental Attachment and Eating Disorders in an Inpatient and a College Sample.

Klein, M. (1948). *The Psycho-Analysis of Children*: London The Hogarth Press.

Klinnert, M. D. (1978). *Facial Expression and Social Referencing*. Unpublished doctoral dissertation prospectus. Psychology Department, University of Denver.

Kuhn, T. S. (1978). *A Estrutura das Revoluções Científicas*. São Paulo: Perspectiva.

LaFreniere, P. J. & Sroufe, L. A. (1985). Profiles of peer competence in the preschool: interrelations between measures, influence of social ecology and relation of attachment history. *Developmental Psychology*, Vol. 21(1) 56-69.

Lambert, M. J. (1992). *The Hadbook of Psychology Integration.* NY: BasicBooks.

Lazarus, A. A. (1993). Tailoring the therapeutic relationship, or being an authentic chameleon. *Psychotherapy*, 30, 3, 404-407.

Lewis, M. & Michalson, L. (1983). *Children's Emotions and Moods. Developmental Theory and Measurement.* NY: Plenum Press.

Lieberman, A. F. (1997). Toddlers' internalization of maternal attribuitions as a factor in quality of attachment. In L. Atkinson & K. J. Zucker (Eds.), *Attachment and Psychopathology.* NY: Guilford Press.

Liotti, G. (1991). Patterns of attachments and the assessment of interpersonal schemata: understanding and changing difficult patient-therapist relationships in cognitive psychotherapy. *Journal of Cognitive Psychotherapy: An International Quarterly*, 5, 2, 105-114.

Liska, A. E. & Reed, M. D. (1985). Ties to conventional institutions and delinquency: estimating reciprocal effects. *American Sociological Review*, Vol. 50(4) 547-560.

Luborsky, L. (1985). Therapist succes and its determinants. *Archives of General Psychiatry*, 42, 602-611.

Luthar, S. S. (1993). Annotation: methodological and conceptual issues in research on childhood resilience. *J. Child Psychol. Psychiat.*, Vol. 34, nº 4, 441-453.

Luthar, S. S. & Cicchetti, D. (2000). The construct of resilience: implications for interventions and social policies. *Development and Psychopathology*, 12, 857-885.

Macfie, J.; Cicchetti, D. & Toth, S. L. (2001). The development of dissociation in matreated preschool-aged children. *Development and Psychopathology*, 13, 233-254.

Mahoney, M. J. & Freeman, A. (1988). *Cognición y Psicoterapia*. Barcelona: Paidós.

Mahoney, M. J. & Norcross, J. C. (1993). Relationship styles and therapeutic choices: a commentary on the preceding four articles. *Psychotherapy*. 30, 3, 423-426.

Mahoney, M. J. (1988). Psicoterapia y processos de cambio humano. In M. J. Mahoney & A. Freeman (Eds.), *Cognición y Psicoterapia* (pág. 25-72). Barcelona: Paidós.

Mahoney, M. J. (1992). *Human Change Processes: The Scientific Foundations of the Psychoterapy*. NY: BasicBooks.

Mahoney, M. J. (1995). The psychological demands of being a constructive psychotherapist. In R.A. Neimeyer & M. J. Mahoney (Eds.), *Constructivism in Psychotherapy*. Washington: APA.

Mahoney, M. J. (no prelo). Constructive Psychotherapy: Exploring Principles and Practical Exercises.

Mahrer, A. R. (1993). The experiential relationship: is it all-purpose or is it tailored to the individual client? *Psychotherapy*. 30, 3, 413-416.

Main, M., Kaplan, N. & Cassidi, J. (1985). "Security in infancy, childhood and adulthood: a move to the level of representation". In I. Bretherton & E. Waters (Eds), *Growing Points in Attachment: Theory and Research*, Monographs of the Society for Reasearch in Child Development. Serial 209: 66-104, Chicago: University of Chicago Press.

Main, M. & Solomon, J. (1986). Discovery of an insecure disorganized/disoriented attachment patterns: procedures, findings and implications for classification of behavior. In M. Yogman

& T. B. Brazelton (eds.), *Affective Development in Infancy*. Norwood, NJ: Ablex.

Main, M. (1996). Introduction to the special section on attachment and psychopathology: 2 overview of the field of attachment. *Journal of Consulting and Clinical Psychopathology*. Vol. 64. Nº 2, 237-243.

Mallinckrodt, B. (1991). Clients' representations of childhood emotional bonds with parents, social support, and formation of the working alliance. *Journal of Counseling Psychology*, Vol. 38, Nº 4, 401-409.

Mallinckrodt, B. (1996). Change in working alliance, social support, and psychological symptoms in brief therapy. *Journal of Counseling Psychology*, 43, 4, 448-455.

Mallinckrodt, B., Gantt, D. L. & Coble, H. M. (1995). Attachment patterns in the psychoterapy relationship: development of the client attachment to therapist scale. *Journal of Counseling Psychology*, 42, 307-317.

Mallinckrodt, B.; McCreary, B. A. & Robertson, A. K. (1995). Co-occurrence of eating disorders and incest: the role of attachment, family environment and social competencies. *Journal of Counseling Psychology*. Vol. 42, Nº 2, 178-186.

Mallinckrodt, B.; Gantt, D. L. & Coble, H.M. (1995). Attachment patterns in the psychotherapy relationship: development of the client attachment to therapist scale. *Journal of Counseling Psychology*. Vol. 42, Nº 3, 307-317.

Masten, A. S.; & Curtis W. J. (2000). Integrating competence and psychopathology: pathways toward a comprehensive science of adaptation in development. *Development and Psychopathology*, 12, 529-550.

Matheus, A. M. et al. (1976). Imaginal flooding and exposure to real phobic situations: treatment outcomes with agoraphobic patients. *British Journal of Psychiatry*, 129, 362-371.

Martin, B. (1990). The transmission of relationship difficulties from one generation to the next. *Journal of Youth and Adolescence*, vol. 19, nº 3.

Marton, P. & Maharaj, S. (1993). Family factors in adolescent unipolar depression. *Canadian Journal of Psychiatry*, Vol. 38(6) 373-382.

Maturana, H. & Varela, F. (1995). *A Árvore do Conhecimento: As Bases Biológicas do Entendimento Humano*. Campinas: Editorial Psy.

Maturana, H. & Verda-Zöller, G. (1994). *Amor y Juego – Fundamentos Olvidados de lo Humano Desde el Patriarcado a la Democracia*. Santiago: Editorial Instituto de Terapia Cognitiva.

Mayseless, O. & Scher, A. (1996). A Tendency Towards Ambivalent Attachment – The Israeli Case. *Poster presented at the 14 Biennal ISSBD conference, Quebec, Canada, August*.

Mayseless, O. (1996). Attachment patterns and their outcomes. *Human Development*, 39, 206-223.

Mayseless, O., Danielli, R. & Sharabany, R. (1996). Adults' attachment patterns: coping with separations. *Journal of Youth and Adolescence*, 25, 5, 667-690.

McDermott, J. F. (1985). Predicting psychopathology in 6 year olds from early parental relations. *Integrative Psychiatry*, Vol. 3(4) 286-287.

Mikulincer, M. & Orbach, I. (1995). Attachment styles and repressive defensiveness: The accessibility and architecture of affective memories. *Journal of Personality and Social Psychology*, 68, 5, 917-925.

Mikulincer, M., Florian, V. & Weller, A. (1993). Attachment styles, coping strategies and posttraumatic psychological distress:

The impact of the Gulf war in Israel. *Journal of Personality and Social Psychology*. 64, 5, 817-826.

Multon, K. D., Patton, M. J. & Kivlighan Jr., D. M. (1996). Development of the Missouri identifying transference scale. *Journal of Counseling Psychology*, 43, 3, 243-252.

Munson, J. A; McMahon, R. J. & Spieker, S. J. (2001). Structure and variability in the developmental trajectory of children's externalizing problems: Impact of infant attachment, maternal depressive symptomatology, and child sex. *Development and Psychopathology,* 13, 277-296.

Murray, L. (1992). The impact of postnatal depression on infant development. *Journal Child Psychology*. Vol. 33. Nº 3, 543-561.

Neimeyer, R. A. (1994). Problemas y posibilidades de la psicoterapia constructivista. *Revista Argentina de Clínica Psicológica*. Vol. 3(2) 125-145.

Neimeyer, R. & Mahoney, M. J. (1997). *Construtivismo em psicoterapia*. Porto Alegre: Artes Médicas.

Papini, D. R., Roggman, L. A. & Anderson, J. (1991). Early-adolescent perceptions of attachment to mother and father: a test of emotional-distancing and buffering hypoteses. Special Issue: Dedicated to the Work of John P. Hill: II. Pubertal Maturation and Family Relations During Early Adolescence. *Journal of Early Adolescence*, Vol 11(2) 258-275.

Parkes, C. M., Stevenson-Hinde, J. & Marris, P. (Eds.) (1991). Attachment across the life cycle. New York: Routledge.

Pascual-Leone, J. (1987). Organismic processes for neopiagetian theories: a dialectical causal account of cognitive development. *International Journal of Psychology*.

Pascual-Leone, J. (1990). An Essay on Wisdom: toward organismic processes that make it possible. In R. J. Sternberg (Ed.),

Wisdom: Its Nature, Origins and Development. Cambridge, England: Cambridge University Press.

Patrick, M., Hobson, R. P., Castle, D., Howard, R. & Maughan, B. (1994). Personality Disorder and the Mental Representation of Early Social Experience.

Pianta, R. C.; Egeland, B. & Adam, E. K. (1996). Adult attachment classification and self-reported psychiatric symptomatology as assessed by the Minnesota multlphasic personality inventory – 2. *Journal of Consulting and Clinical Psychopathology*, Vol. 64, Nº 2, 273-281.

Pietromonaco, P. R. & Carneley, K. B. (1994). Gender and Working Models of Attachment: Consequences for Perceptions of Self and Romantic Relationships. Personal Relationships, Cambridge University Press, 63-82.

Pistole, M. C. (1989). Attachment: Implications for Counselors. *Journal of Counseling & Development*. Vol. 68, Nº 3, 190-193.

Phelps, B. & Crnic, K. (1998). Earned security, daily stress, and parenting: a comparison of five alternative models. *Development and Psychopathology*, 10, 21-38.

Poehlman, J. & Fiese, B. H. (2001). The interaction of maternal and infant vulnerabilities on developing attachment relationships. *Development and Psychopathology*, 13, 1-11.

Progogine, I. (1996). O fim das Certezas: Tempo, Caos *e as Leis da Natureza*. São Paulo: Editora UNESP.

Raue, P. J. & Goldfried, M. R. (1994). The therapeutic alliance in cognitive-behavior therapy. In A. O. Horvath & L. S. Greenberg (Eds), *The Working Alliance: Theory, Research and Practice*. New York, John Wiley.

Reite, M. & Boccia, M. L. (1994). Physiological aspects of adult attachment. In Sperling, M. B. & Berman, W. H. (Eds.),

Attachment in Adults: Theory, Assessment, and Treatment (p. 98-127). NY: Guilford Publications.

Reite, M. & Capitanio, J. (1985). On the nature of social separation in and social attachment. In M. Reite & T. Field (Eds.), *The Psychobiology of Attachment and Separation*. Orlando: Academic Press.

Rendon, M. (1988). Cognición y psicoanálisis: una perspectiva Horneyana. In M. J. Mahoney & A. Freeman (Eds.), *Cognición y Psicoterapia* (p. 301-314). Barcelona: Paidós.

Rhodes, B. & Kroger, J. (1992). Parental bonding and separation-individuation difficulties among late adolescent eating disordered women. *Child Psychiatry and Human Development*, Vol. 22(4).

Rosenstein, D. S. & Horowitz, H. A. (1996). Adolescent attachment and psychopathology. *Journal of Consulting and Clinical Psychopathology*. Vol. 64, Nº 2, 244-253.

Rosenzweig, D., Faber, B. A. & Geller, J. D. (prelo). Internalization and the changing nature of therapist representations. *Journal of Clinical Psychology*.

Ross, A. O. (1992). *The Sense of the Self: Research and Theory*. NY: Springer Publishing Company.

Routh, D. K. & Bernholtz, J. E. (1991). Attachment, separation, and phobias. In J. L. Gewirtz & W. M. Kurtines (Eds.), *Intersections with Attachment*. Hillsdale: Erlbaum.

Rutter, M. (1995). Clinical implications of attachment concepts: retrospect and prospect. *J. Child Psychol. Psychiat*. Vol. 36, Nº 44, 549-571.

Rutter, M. & Sroufe, A. (2000). Developmental psychopathology: concepts and challenges. *Development and Psychopathology*, 12, 265-296.

Safran, D. J. (1993). Breaches in the therapeutic alliance: an arena for negotiating authentic relatedness. *Psychoterapy*. 30: 111-124.

Safran, J. D. (1998a). O Processo terapêutico e a mudança pessoal. In R. F. Ferreira & C. N. Abreu (Orgs.). *Psicoterapia e* Construtivismo. Porto Alegre: Artes Médicas.

Safran, J. D. (1998b). *Widening the Scope of Cognitive Therapy: the Therapeutic Relationship, Emotion, and the Process of Change*. New Jersey: Aronson.

Safran, D. J. & Segal, Z. V. (1994). *El Proceso Interpersonal en la Terapia Cognitiva*. Barcelona: Paidós.

Safran, J. D & Muran, C. J. (1994). Toward a working aliance between research and practice. In P. F. Talley, H. H. Strupp & J. F. Bluter (Orgs.), *Psychoterapy Research and Practice*. NY: Basic Books.

Safran, J. D. & Muran, J. C. (1996). The resolution of ruptures in the therapeutic alliance. *Journal of Consulting and Clinical Psychology*, 64, 3, 447-458.

Safran, J. D., Muran, C. J. & Samtag, L. W. (1994). Resolving therapeutic alliance ruptures: a task analytic investigation. In A. O. Horvath & L. S. Greenberg, *The Working Alliance: Theory, Research and Practice*. New York, John Wiley.

Safran, J. D & Muran, C. J. (2000). *Negotianting the Therapeutic Alliance: A Relational Treatment Guide*. NY: Guilford.

Sassaroli, S. & Lorenzini, R. (1992). Attachment as an informative relationship. *International Journal of Personal Construct Psychology*, 5, 239-247.

Schnitman, D. F. (1994). Ciencia, cultura y subjetividad. In Schnitman, D. F. (Ed.) *Nuevos Paradigmas, Cultura y Subjetividad*, (p. 15-36). Buenos Aires: Paidós.

Scientific American (1970). *Psicobiologia: As Bases Biológicas do Comportamento*. São Paulo, Editora Universidade de São Paulo e Polígono.

Simons, R. L.; Whitbeck, L. B.; Conger, R. D.; & Chyi-In W. (1991). Intergenerational transmission of harsh parenting. *Developmental Psychology*, Vol. 27, nº 1, 159-171.

Simpson, J. A., Rholes, W. S. & Phillips, D. (1996). Conflict in close relationships: an attachment perspective. *Journal of Personality and Social Psychology*, 71, 5, 899-914.

Skinner, B. F. (1977). *Walden II: Uma Sociedade do Futuro*. São Paulo: EPU.

Snyder, M. (1981). Cognition and personality. In N. Cantor e J. F. Kihlstrom (Eds.), *Personality, Cognition and Social Interaction*. Hillsdale: Erlbaum.

Sperling, M. B. & Berman, W. H. (Eds.) (1994). *Attachment in Adults: Clinical and Developmental Perspectives*. NY: Guilford.

Sroufe, L. A. (1985). Attachment classification from the perspective of infant-caregiver relationships and infant temperament. *Child-Development*; Vol. 56(1) 1-14.

Sroufe, A. L.; Carlson, E. A.; Levy, A. K.; & Egeland Byron (1999). Implications of attachment theory for developmental psychopathology. *Development and Psychopathology*, 11, 1-13.

Sroufe, A. L.; Egeland B.; & Kreutzer T. (1990). The fate of early experience following developmental change: longitudinal approaches to individual adaptation in childhood. *Child Development*, 61, 1363-1373.

Stern, D. (1992). *O Mundo Interpessoal do Bebê: Uma Visão a Partir da Psicanálise e da Psicologia do Desenvolvimento*. Porto Alegre: Artes Médicas.

Stern, D. (1997). *La Constelación Maternal: La Psicoterapia en las Relaciones entre Padres e Hijos*. Barcelona: Paidós Editorial.

Suh, C. S., O'Malley, S. S., Strupp, H. H. & Johnson, M. E. (1989). The Vanderbilt Psychotherapy Process Scale (VPPS). *Journal of Cognitive Therapy: An International Quarterly*, 3, 2.

Surrey, L. J. (1987). Relationship and empowerment. *Work in Progress, Nº 30*. Wellesley, MA: Stone Center Working Paper Series.

Tidwell, M. O., Reis, H. T. & Shaver, P. R. (1996). Attachment, attractiveness and social interaction: A diary study. *Journal of Personality and Social Psychology*. 71, 4, 729-745.

Tyrrell, C. L.; Dozier, M.; Teague, G. B. & Fallot, R. D. (1999). Effective treatment relationships for persons with serious psychiatric disorders: the importance of attachment states of mind. *Journal of Consulting and Clinical Psychology*. Vol. 67, Nº 5, 725-733.

Toth, S. L. & Cicchetti, D. (1998). Remembering, forgetting, and the effects of trauma on memory: a developmental psychopathology perspective. *Development and Psychopathology*, 10, 589-605.

van IJzendoorn, M. H. (1996). Commentary. *Human Development*, 39, 224-231.

van IJzendoorn, M. H., Goldberg, S., Kroonenberg, P. M. & Frenkel, O. J. (1992). The relative effects of maternal and child problems on the quality of attachment. A meta-analysis of attachment in clinical samples. *Society for Research in Child Development*, 63, 840-858.

Varela, F. J., Thompson, E. & Rosch, E. (1992). *De Cuerpo Presente: Las Ciencias Cognitivas y La Experiencia Humana*. Barcelona: Gedisa Editorial.

Verden-Zöller, G. (1994). El juego en la relacion materno infantil: fundamento biológico de la conciencia de sí-mismo y de la conciencia social. In H. Maturana & G. Verden-Zöller (Eds.), *Amor y Juego: Fundamentos Olvidados de lo Humano Desde el Patriarcado a La Democracia* (pág. 73-137). Santiago: Editorial Instituto de Terapia Cognitiva.

Vormbrock, J. K. (1993). Attachment theory as applied to wartime and job-related marital separation. *Psychological Bulletin*, 114, 1, 122-144.

Waters, E., Wippman, J. & Sroufe, L. A. (1979). Attachment, positive affect and competence in the peer group: two studies in construct validation. *Child Development*, 50, 821-829.

Watzlawick, P. (1994). *A Realidade Inventada*. Campinas: Editorial Psy.

Weber, R. A., Levitt, M. J. & Clark, M. C. (1986). Individual variation in attachment security and strange situation behavior: the role of maternal and infant temperament. *Child Development*, 57(1) 56-65.

Weiss, R. S. (1991). Attachment bond in childhood and adulthood. In C. M. Parkes; J. Stevenson-Hinde & P. Marris (Eds.), *Attachment Across the Life Cycle*. New York: Routledge.

Winnicott, D. W. (1989). *Tudo Começa em Casa*. São Paulo: Martins Fontes.

Winnicott, D. W. (1993). *A Família e o Desenvolvimento Individual*. São Paulo: Martins Fontes.

Winnicott, D. W. (1994). *Privação e Delinquência*. São Paulo: Martins Fontes.

Xausa, I. A. M. (1986). *A Psicologia do Sentido da Vida*. Petrópolis: Vozes.

Young, J. E. (1990a). *The Schema Questionnaire*. NY: Cognitive Therapy Center of New York.

Young, J. E. (1990b). *Cognitive Therapy for Personality Disorders: An Schema-Focused Approach. Sarasota, FLA: Professional Resources Exchange, Inc.*

Young, J. E. & Klosco, J. N. (1993). Reiventing Your Life: NY: Plume Book.